» I've taken the low road and if you've done the same
Meet me down there by the train
Down there by the train
Down there where the train goes slow.

Tom Waits
»Down there by the train«

BERTHOLD STEINHILBER · EUGEN E. HÜSLER

ALPENBAHNEN

FREDERKING & THALER

Linea
Stabline
52
Stazione
a Stabline
15
Stazione
3
GARDY
CDE DE SECOURS
NOTANTRIEB
GARDY
CDE DE SECOURS
NOTANTRIEB
ENCL
EIN
INS

INHALT

Stazione
a Ospizio Bernina
14
Linea
Ospizio Bernina
51
GARDY
CDE DE SECOURS
NOTANTRIEB
GARDY
CDE DE SECOURS
NOTANTRIEB

EINLEITUNG

DEN BERGEN ABGERUNGEN – DIE GESCHICHTE DER ALPENBAHNEN

Vor recht langer Zeit – die Fernseher lieferten noch keine bunten Bilder und der Adriastrand war das beliebteste Urlaubsziel der Deutschen –, vor ein paar Jahrzehnten also führten Märklin, Fleischmann & Co. mit ihren Modelleisenbahnen unangefochten die Liste der beliebtesten Geschenke für Buben an. Technik faszinierte, und so erstaunt es nicht, dass in dieser Hitparade die Dampfmaschine auftauchte. Auch der kleine Eugen erhielt spielerisch frühen Anschauungsunterricht in Physik: Aus Dampf wird Energie und aus Energie Bewegung. Der Überdruck des verdampften Wassers treibt ein Rad an – und weist den Weg in die Industrialisierung. Eine wahrhaft epochale Erfindung!

Christoph Bernoulli fand dafür in seinem *Handbuch der Dampfmaschinen-Lehre*, erschienen 1833, die passenden Worte. »Was die Erfindung der Buchdruckerkunst für unsere geistige Kultur, für die Beförderung der Wissenschaften und der Aufklärung geworden ist, das mag, und vielleicht in Kurzem schon, die der Dampfmaschine für die menschliche Gewerbsthätigkeit, für Vermehrung und Verbreitung des Wohlstandes und der materiellen Güter werden.« Wie wahr! Bald schon waren die ersten Dampfer auf den Weltmeeren unterwegs (noch bis 1889 zusätzlich mit Hilfssegeln); auf dem Festland ließ sich der Siegeszug der Eisenbahn nicht mehr aufhalten. Menschen und Güter reisten nun schneller und komfortabler quer durch Europa. Das stimulierte die Wirtschaft, was wiederum wachsenden Wohlstand nach sich zog. Wie es Herr Bernoulli vorausgesagt hatte.

Dann kam die Eisenbahn auch in den Alpen an. Ganz im Osten ging 1854 die nach Plänen Carl von Ghegas am Semmering erbaute erste Gebirgsbahn in Betrieb. Im Westen des Alpenbogens war es wenig später Germain Sommeiller, der mit dem Mont-Cenis-Tunnel für freie Fahrt durch die Berge sorgte, von Frankreich nach Italien.

ETWAS SCHWEIZER GESCHICHTE

Und die Schweiz, heute das Eisenbahnland par excellence? Sie wurde in der ersten Hälfte des 19. Jahrhunderts vom Gegensatz zwischen den (reichen) Städten und der (armen) Landbevölkerung geprägt. Die wirtschaftlichen, kulturellen und religiösen Spannungen entluden sich schließlich in einem Bürgerkrieg (1847). Er endete mit einer vernichtenden Niederlage der bäuerlich-katholisch-konservativen Partei und bescherte dem Land eine neue, liberal geprägte Verfassung.

Die Devise hieß nun: Fortschritt. Und dazu trug auch ein junger Wirtschaftszweig bei, für den sich Züge als wahrer Segen erweisen sollten: der Tourismus. Die um sich greifende Naturschwärmerei half mit, aus dem Bauernland ein beliebtes Reiseziel zu machen. So wandelten sich die unwirtlichen Alpengipfel zur soliden Basis des Fremdenverkehrs. Straßen und Herbergen wurden gebaut, im Berner Oberland, an den großen Seen. Und vor allem Eisenbahnen. Auf diese Weise konnte man bequem von Paris an den Genfer See reisen oder von Berlin nach Luzern und sich an all den Bergen delektieren. Hinauf ging's allerdings nur zu Fuß. Bis der Ingenieur

Niklaus Riggenbach die zündende Idee hatte: ein Zahnrad und eine Zahnstange. Die Stange wird zwischen die Schienen montiert, das Rad von der Dampfmaschine angetrieben und beides verkuppelt. So lassen sich sogar extreme Steigungen sicher bewältigen. Den Beweis, dass diese Methode einwandfrei funktioniert, lieferte Riggenbach gleich am berühmtesten Aussichtsberg des Landes, an der Rigi. Am 21. Mai 1871 schnaufte der erste Zug von Vitznau hinauf nach Rigi Kulm. Ein Moment für die Geschichtsbücher: Die Eroberung der Alpengipfel durch die Technik konnte starten, Bergnatur wurde bequem erlebbar.

Ein wahrer Bauboom erfasste die Schweizer Berge. Arbeiterkolonnen rückten an, Trassen wurden freigesprengt, Gleise verlegt, und so mancher Gipfel oder Aussichtspunkt bekam auch gleich ein Hotel verpasst. Das Reisepublikum der Belle Époque wusste Luxus zu schätzen, man logierte auf der Rigi im Grandhotel Schreiber, über dem Genfer See im Palace Hôtel bei Montreux oder in St. Moritz in Badrutt's Palace.

Derweil schielten die Ingenieure bereits nach den wirklich großen Gipfeln, den Viertausendern. Ihre Pläne wurden immer verwegener, ja utopisch. Nicht einmal das Matterhorn blieb da außen vor, die Pläne von Xaver Imfeld scheiterten aber am erbitterten Widerstand der Alpinistengemeinde. So blieb es bei der Gornergratbahn, deren Bergstation immerhin schon jenseits der 3000-Meter-Höhenkote liegt. Und die einen unschlagbaren Vorteil gegenüber der (geplanten) Matterhorn-Gipfelbahn besitzt: den wunderbaren Blick auf den schönsten Berg der Alpen.

EDISON UND DIE ELEKTRIFIZIERUNG DER WELT

1880 ging der Welt buchstäblich ein Licht auf, dank Edisons bahnbrechender Erfindung. Bereits Jahre zuvor hatten Ingenieure mit elektrischen Antrieben experimentiert, so der Schotte Robert Davidson, dessen Lokomotive 1842 bei einer Probefahrt zwischen Edinburgh und Glasgow eine Geschwindigkeit von vier Meilen (!) pro Stunde erreichte, ohne jede Ladung. Bereits auf 31 Stundenkilometer brachte es ein dreiachsiger Wagen des Amerikaners Charles Grafton Page. Die Testfahrt war allerdings kein echter Erfolg, auch weil die tonnenschweren Antriebsbatterien ihren Geist aufgaben.
Praxistauglich wurde die neue Technik erst durch eine externe Stromversorgung, die den Einbau riesiger Batterien im Zug überflüssig machte. Auf der »Exposition Internationale d'Électricité« in Paris, der ersten Ausstellung dieser Art weltweit (1881), stellte Siemens eine erste Oberleitung vor. Ein Durchbruch. So konnten die Zermatter bereits 1893 eine Schweizer Premiere feiern: die Eröffnung der ersten mit Strom betriebenen Zahnradbahn.

Elektrizität statt Dampf. Das kam in der Schweiz besonders gut an, aus ganz profanen Gründen. Das Land verfügte nur über wenige abbauwürdige Kohlevorkommen; der Bedarf musste mit Importen gedeckt werden. Dagegen waren die Voraussetzungen zur Energiegewinnung durch Wasserkraft optimal. Bereits 1873 gingen in St. Moritz die (elektrischen) Lichter an, im Kulm-Hotel. Die Leistung des Mini-Wasserkraftwerks: sieben Kilowatt. Das reichte immerhin, um den prächtigen Speisesaal zu beleuchten …

GROSSPROJEKTE AN DER WENDE VOM 19. ZUM 20. JAHRHUNDERT

In einem veritablen Kraftakt, der die Staatsfinanzen stark belastete, realisierte die K. u. k.-Monarchie Anfang des 20. Jahrhunderts im Osten des Alpenbogens ihre »neuen Alpenbahnen«: 400 Kilometer mit vielen Kunstbauten, darunter langen Tunnel in den Hohen Tauern, am Pyhrn und in den Karawanken, in der Wochein und am Wechsel. Mit der (verspäteten) Eröffnung des Tauerntunnels wurden die Bauarbeiten 1908 abgeschlossen. Eine historische Randbemerkung: Am 2,5 Kilometer langen Hartbergtunnel bei Mönichkirchen am Wechsel richtete Hitler während des lediglich zwei Wochen dauernden Jugoslawienfeldzugs im Frühling 1941 sein Hauptquartier ein. Der Zug war so postiert, dass er bei einem Luftangriff in den Tunnel geschoben werden konnte.

Fast zeitgleich mit den »neuen« österreichischen Alpenbahnen kam weiter westlich, in Graubünden, der Bahnbau in Gang. Initiant der ersten Bergstrecke war Willem Jan Holsboer, ein Holländer, der in den Schweizer Alpen Heilung für seine lungenkranke Frau suchte, später dann in Davos ein Kurhaus errichten ließ. 1890 wurde die Prättigaulinie eröffnet. Sie ging ein paar Jahre später in der neu gegründeten Rhätischen Bahn auf. Die RhB mit ihrem fast 400 Kilometer langen Streckennetz blieb noch längere Zeit absolut konkurrenzlos, was den Bilanzen bestimmt nicht schadete. Auf Graubündens Straßen waren nämlich bis 1925 Autos verboten ...

KRIEG – AUCH IN DEN ALPEN

Mit dem Ausbruch des Ersten Weltkriegs kollabierte der Alpentourismus, die Jugend Europas starb in den Schützengräben einen sinnlosen Tod. Auch die Alpen blieben nicht verschont von dem Inferno. Entlang der »unmöglichsten« Frontlinie, die sich vom Ortler bis zum Fluss Isonzo (Soča) erstreckte, wurde erbittert gekämpft. Eisenbahnen gewannen dabei eine neue, ganz andere Bedeutung: Mit ihnen konnte Nachschub rasch ins Frontgebiet transportiert werden. Traurige Berühmtheit erlangte die Wocheiner Linie, über die Soldaten und Material zum Isonzo gebracht wurden. Die zwölf Schlachten im Hinterland von Gorizia, am Südostrand der Alpen, gehören zu den verlustreichsten des Ersten Weltkriegs. Auch in den Dolomiten gab es Kämpfe, dazu im Winter immense Verluste durch Lawinen. Die K. u. k.-Truppen bauten nach der Kriegserklärung Italiens (1915) mehrere Feldbahnen ins Frontgebiet, so nach Wolkenstein in Gröden, nach Schluderbach und ins Fleimstal.
Die zweite Weltkatastrophe hinterließ einen in Trümmern liegenden Kontinent. Nur die Schweiz blieb verschont. Sie musste allerdings während des Krieges den Transport von Rüstungsgütern auf der Gotthardroute zwischen Nazi-Deutschland und Italien zulassen. So war es in dem Staatsvertrag von 1909 vereinbart, den die Eidgenossenschaft mit den Nachbarnationen abgeschlossen hatte.

Ein anderes Abkommen hatte ein halbes Jahrhundert später für Europa weit größere Folgen: der Marshallplan. Er sicherte den USA neue Absatzmärkte und bescherte den darniederliegenden Ländern einen fulminanten Wirtschaftsaufschwung. Bald schon reisten die ersten vollbepackten »Käfer« über den Brenner

» Es wird Wagen geben, die von keinem Tier gezogen werden und mit unglaublicher Gewalt daherfahren.

Leonardo da Vinci (1452–1519)

nach *bella Italia*. Das Auto – es war nicht zu übersehen – löste den Zug als beliebtestes Transportmittel ab. Die neue Währung hieß PS; statt der Fahrkarte für eine Reise löste man den Führerschein fürs Leben. Der Staat half dabei fleißig, die Autowelle rollte über immer breitere Straßen. Viele Bahnlinien wurden stillgelegt, auch im Alpenraum. Hier traf es vor allem Italien und Frankreich. In der Lombardei etwa läutete für die meisten Regionalzüge das Totenglöckchen. In Österreich wurde u. a. 1957 die Salzkammergutlinie aufgegeben. Einige Strecken blieben als Museumsbahnen erhalten und werden heute von privaten Initiativen betreut und betrieben. Bekanntestes Beispiel ist die alte Furkabahn, die als Dampfbahn im Sommer wieder über den Pass zuckelt – sehr zur Freude zahlloser Fans.

DER LÄNGSTE ALPENTUNNEL UND EINE VISION

Die Schweiz machte ihrem Ruf als Eisenbahnland alle Ehre; sie hielt (mit ganz wenigen Ausnahmen) eisern an ihrem dichten Schienennetz fest. Und investierte enorme Summen. Vor allem in die Neue Eisenbahn-Alpentransversale (NEAT) und hier in den Gotthard-Basistunnel. Mit dem ersten Spatenstich wurde ein neues Kapitel der Eisenbahngeschichte aufgeschlagen. Ein 57 Kilometer langer Stollen zwischen Erstfeld und Bodio räumte die Alpen als Verkehrshindernis endgültig aus dem Weg. »Freie Sicht aufs Mittelmeer«, hatten aufmüpfige Studenten zwanzig Jahre zuvor in Zürich skandiert. Die Ingenieure realisierten diesen Traum auf ihre Weise, mit ganz anderen Zielen. Am 1. Juni 2016, anlässlich der Eröffnung des Tunnels, konnte der Schweizer Bundespräsident Johann Schneider-Ammann feststellen: »Heute ist ein historischer Tag für unser Land: Wir vollenden mit dem Gotthard-Basistunnel ein Jahrhundertwerk – ein Werk, an dem von der ersten Skizze bis zur Planung und dem Bau des Tunnels mehrere Generationen mitgewirkt haben. Das erfüllt mich mit Stolz, aber auch mit Demut. Denn dass so ein Projekt gelingt, ist nicht selbstverständlich. (...) Wir bringen mit dem Gotthard-Basistunnel Völker und Volkswirtschaften zusammen – und wir knüpfen mit dem Jahrhundertwerk an die Pionierleistungen unserer Vorfahren an! Der Gotthard-Basistunnel, den wir heute feiern, ist das weltweit längste Bauwerk seiner Art. Und ein starkes Signal über unsere Landesgrenzen hinaus: In der Schweiz und in Europa sind weiterhin epochale Leistungen machbar. Das 21. Jahrhundert, es kann auch ein europäisches sein!«

Wer möchte dem guten Mann da widersprechen? Die Geschichte der Eisenbahn ist noch lange nicht zu Ende erzählt. Auch nicht in den Alpen.

ALTE FURKABAHN
Zwischen grünen Matten und Altschnee steigt die Trasse der alten Furkabahn im Hochtal der Furkareuss hinauf zum 1874 Meter langen Scheiteltunnel unter dem gleichnamigen Pass. ▽▽

DER SÜDWESTEN DER ALPEN

VOM MITTELMEER BIS ZUM MONT BLANC, DEM »DACH DER ALPEN«

Seit dem Untergang des Königreichs der Savoyer (Sardinien) bildet der Hauptkamm der Alpen im Südwesten nicht nur eine geografische, sondern auch eine politische Grenze. Das spiegelt sich sogar im Verkehrsnetz. Die einzige Bahnverbindung zwischen Frankreich und Italien ist jene am Mont Cenis. Und mit ihrem Bau wurde kurioserweise noch zu Zeiten der Savoyer begonnen. Auch die Tendabahn, die spektakulärste Gebirgsstrecke westlich der Schweiz, wurde in ihrer mehr als hundertjährigen Geschichte zu einem Spielball der Politik und war viele Jahre außer Betrieb.

DIE TENDABAHN

DAS SCHÖNSTE KURVENKARUSSELL IN DEN SEEALPEN

Bahnlinien sind immer auch Historienfäden. In ihnen spiegeln sich Geschichte und Geschichten, manche so spannend wie absurd. Ein klassisches Beispiel liefert die *Tendabahn,* die Wirtschaftskrisen und zwei Weltkriege überstand. Glücklicherweise.

Wer vom Tendapass – 1871 Meter hoch – hinunterschaut ins Royatal, sieht zunächst einmal eine Schlange: die alte Militärstraße mit ihren 64 (!) Serpentinen, heute eine beliebte Bikerstrecke. Die andere, die eiserne Schlange, ist nicht so leicht auszumachen in dem wilden Graben, den links und rechts schroffe Felsen begleiten. Das liegt daran, dass sie über weite Strecken im Berg verläuft. Überhaupt: Die ganze Strecke bildet eine Abfolge von Viadukten und Tunnel, manche um 180 Grad gekrümmt, drei beschreiben sogar eine volle Umdrehung. Da ist die berühmte Gotthardbahn im Vergleich beinahe schon eine TGV-Route.

Fast noch unglaublicher als die vielgewundene Trasse ist die Geschichte der Bahn. Zwei Weltkriege mit wechselnden Allianzen, eine Weltwirtschaftskrise, Grenzverschiebungen, politische Querelen – all das hemmte den Bau dieser in den ganzen Alpen einzigartigen Strecke. Zwischen dem Durchstich des Scheiteltunnels am Colle di Tenda (1899) und der jüngsten Wiedereröffnung liegen genau acht Jahrzehnte. Dazwischen wurde aus- und rückgebaut, (teil-)elektrifiziert, es entstand die Nebenlinie nach Nizza, Brücken wurden gesprengt, jene von Saorge im Zweiten Weltkrieg insgesamt dreimal! Mehrfach drohte die Stilllegung der Linie; dass sie heute noch fährt, erscheint einem fast wie ein (modernes) Märchen.

Und sie soll bleiben. Dafür kämpfen die Anwohner seit Langem, vor allem im Royatal. Das gehörte in den letzten zwei Jahrhunderten zunächst zur Grafschaft Nizza, kam dann ans Herzogtum Savoyen und war dadurch kurzzeitig Teil des Königreichs Savoyen-Sardinien. Als Savoyen 1860 an Frankreich fiel, verblieben die Gemeinden am Oberlauf der Roya beim neu gegründeten Königreich Italien. Angeblich, weil der König die Gegend als Jagdgebiet besonders schätzte. Mussolini ließ 1940 in Saint-Dalmas-de-Tende im Stil des Neobarocks einen mächtigen (Grenz-)Bahnhof bauen. Er steht heute noch als »weißer Elefant« neben den Gleisen, über die täglich nur ein paar wenige Züge rollen. Verpasste Chance?

EIN RISKANTES UNTERFANGEN

Ein Wagnis war der Bau allemal, aus gleich mehreren Gründen. Die Region galt nicht nur als politisch labil, sondern auch als geologisch und morphologisch höchst anspruchsvoll – eine Herausforderung für die Ingenieure. Daneben wurde der Bedarf einer solchen Bahn wohl überschätzt, und so kam sie nie über regionale Bedeutung hinaus. Zudem konzentriert sich der Tourismus seit jeher auf die Küste Liguriens und die Côte d'Azur.

Die Seealpen waren (und sind heute noch) Hinterland, Rückzugsgebiet und Abwanderungsregion. Keine guten Voraussetzungen für so ein gewaltiges Technikprojekt, bei dem riesige Steigungen zu überwinden waren: 1000 Höhenmeter zwischen der Mittelmeerküste und dem Tunneleingang unter dem Col de Tende – und das mit Normalspur und Adhäsionsbetrieb. Die Höchststeigung liegt bei 25 Promille. Auf der Stammstrecke zwischen Cúneo und Ventimiglia zählt man 83 Tunnel und zehn größere Viadukte. Was für ein Erlebnis, die Fahrt mit der Tendabahn – und ein Wunderwerk des Eisenbahnbaus!

△△
Von links: Straße und Bahnlinie verlaufen südlich von Saint-Julien-en-Beauchêne parallel und schnurgerade durchs Tal des Buëch; der Viaduc de Bassèra der Tendabahn, zwischen Breil-sur-Roya und Sospel; alte Galerie der Mont-Cenis-Postbahn; Mont-Blanc-Express im Tal der Arve bei Chedde, darüber der 1,5 Kilometer lange Égratz-Viadukt der Schnellstraße zum Mont-Blanc-Tunnel.

URALTE KUNSTWERKE

Wunder anderer Art bietet das Vallée des Merveilles. Es versteckt sich ein paar Kilometer westlich von Tende am Fuß des Mont Bégo und ist berühmt für seine prähistorischen Felsritzungen. Bis heute wurden über 40 000 Gravuren entdeckt und katalogisiert; die ältesten dürften auf die Zeit um 3000 v. Chr. zurückgehen, sie wurden noch mit Steinwerkzeugen ausgeführt.

Eine knapp dreistündige Wanderung führt vom Lac des Mesches (Zufahrt von Saint-Dalmas-de-Tende) zum Refuge des Merveilles (2111 m). In der Hütte kann man übernachten; es werden Führungen zu den Felskunstwerken am Mont Bégo angeboten. Auch empfehlenswert: ein Besuch im Musée des Merveilles in Tende.

TENDABAHN
In Breil-sur-Roya verzweigt sich die Tendabahn. Die französische Linie steuert durch zwei lange Tunnel Nizza an. Am Siedlungsrand von L'Escarène quert sie auf einem 225 Meter langen Rundbogenviadukt den flachen Talboden. ▽▽

» Die wahre Entdeckungsreise besteht nicht darin, neue Länder zu suchen, sondern neue Augen zu haben.

Marcel Proust (1871–1922)

TENDABAHN

Ein Monument faschistischen Größenwahns: Mussolinis Bahnhof von Saint-Dalmas-de-Tende. In den 1930er-Jahren gehörte das obere Royatal noch zu Italien. △

Eine originelle Konstruktion trägt den Viaduc du Caï. Sie steht quer zur Brücke und ist in den Felsen über dem Bach Bévera verankert. Im Zweiten Weltkrieg wurde der Viadukt zerstört und erst 1962 wiederaufgebaut, neu in Stahlbeton. ▷

TENDABAHN

Dem schwierigen Felsgelände abgetrotzt: die Trasse der Tendabahn in der Roya-Schlucht. Hier ist Steinschlag eine stete Gefahr. Ein Netz von Drähten, an Masten entlang der Strecke gespannt, lässt bei Beschädigungen alle Signale umgehend auf Halt springen.

Mehrfach überwindet die Tendabahn mittels eines Spiraltunnels im schwierigen Gelände größere Höhenunterschiede, so auch in den Gorges de Berghe zwischen Fontan und Saint-Dalmas-de-Tende. Auf den Viaduc de Scarassoui schließt gleich der Berghe-Spiraltunnel an. ▽▽

DER TRAIN DES PIGNES

LICHT UND LANDSCHAFT DER PROVENCE

Schöner (und gemütlicher) als mit dem *Train des Pignes* kann man kaum in die Zauberwelt der Haute Provence reisen. Was für ein Kontrast zwischen der Côte d'Azur und den »vergessenen« Tälern des Hinterlandes!

Hinterland. Ein ambivalent geprägter Begriff. Die einen denken da an Regionen, die der Fortschritt vergessen hat, stadtmüden Zeitgenossen wiederum verspricht er eine ersehnte Auszeit. Endlich Ruhe, Hektik ade. Nizza ist laut, Grasse duftet, Roquesteron ist verschlafen, Castellane wartet auf Napoleon. Und Digne? Ist die Hauptstadt des Lavendels, deren lila blühende Felder zu einem Synonym für die provenzalischen Berge geworden sind. In der Sternwarte am Mont Chiran kann man ins Weltall gucken und am Rand des Grand Canyon du Verdon in bodenlose Tiefen. Und dann ist da noch das unvergleichliche Licht der Provence, von dem sich viele Maler des vorletzten Jahrhunderts unwiderstehlich angezogen fühlten. Zauberwelt am Südwestrand der Alpen oder Heimat der »Hinterländler«?

Um das Land hinter der Côte zu erkunden, besteigt man in Nizza den Train des Pignes. Der war, heißt es hier, früher so gemütlich unterwegs, dass man während der Fahrt Pinienzapfen auflesen konnte. Das mag übertrieben sein, aber dieser Zug ist nun mal kein Express. Zum Glück. Bald schon rücken die Berge näher, werden die Felsen links wie rechts schroffer. Der Var gibt sich ausgesprochen zahm, plätschert in seinem breiten Bett. Dass er auch anders kann, bewies der Alpenfluss zuletzt im Herbst 2020. Halt in Puget-Théniers, niemand steigt zu, dann geht's weiter. Entrevaux, ein Haufen eng zusammengebauter Häuser, döst in der Morgensonne, bewacht von seiner Zitadelle. Der Sonnenkönig Ludwig XIV. beauftragte 1690 den Hofbaumeister Vauban, den Platz zu befestigen; die Grenze zur Grafschaft Nizza verlief damals nur ein paar Kilometer flussabwärts.

TRAIN DES PIGNES
Alte Mauern »zwischen den Tälern« (Entrevaux). Der malerische, von der Zitadelle Vaubans bewachte Flecken ist Station an der Ligne des Pignes.

DIE HAUPTSTADT DES LAVENDELS

Annot – noch so ein malerisch-verschlafener Flecken. Hier biegt der Train ins Tälchen der Vaïre ein. Bei Fugeret gewinnt der Zug in einer Schleife samt Kehrtunnel an Höhe, um hinter Méailles dann im längsten von insgesamt 23 Tunnel auf der 150-Kilometer-Strecke zu verschwinden. Nach exakt 3457 Metern ist er zurück am Tageslicht – und im Tal des Verdon. In Barrême trifft der Train des Pignes auf die Route Napoléon. Der Kaiser hatte 1815 Paris und die Rückkehr an die Macht zum Ziel, die Fahrt des Pinienzuges aber endet nach gut drei Stunden in Digne, das am Unterlauf der Bléone liegt und sich seit 1988 mit dem Zusatz *les Bains* schmücken darf.

Berühmt ist die Gegend aber vor allem durch den Lavendelanbau. Ein Zentrum befindet sich südlich von Digne, auf dem weiten Hochplateau rund um Valensole. Blütezeit ist von Mitte Mai bis Anfang August. Noch ein unvergessliches Erlebnis im stillen Hinterland der Côte d'Azur.

TRAIN DES PIGNES

Der Bahnhof von La Tinée steht beispielhaft für zahlreiche alte Bahnhöfe an der Strecke, die zwar stillgelegt, aber noch (museal) erhalten sind, wie jener von La Tinée mit seinem großen Wasserspeicher. Am Unterlauf des Var hat der Fluss eine tiefe Schlucht gegraben.

Eisenbahnromantik à la française. Im Sommer verkehrt ein historischer Dampfzug auf der Ligne des Pignes, von Puget-Théniers nach Annot oder Le Fugeret und zurück. Im Bild dampft der Zug über den Viadukt von La Donne bei Annot – man kann es fast riechen. ▽▽

LA TINEE

TRAIN DES PIGNES
Wie wär's mit einem Café oder einem Génépi? Auch wenn's nicht unbedingt so aussieht, der alte Bahnhof von Annot hat ein kleines Restaurant. À votre santé!

TRAIN DES PIGNES

Das Bahnwärterhäuschen ist längst verwaist, die Barriere bei Thorame-Haute senkt und hebt sich inzwischen automatisch. Fortschritt, eingebettet in eine nostalgische Kulisse. Gute alte Zeit?

Im Bereich von Méailles, das hoch über dem Tal auf einer Felsterrasse thront, passiert der Train des Pignes gleich zwei große Rundbogenbrücken: den Maouna-Viadukt (197 m) und den Guillaumasse-Viadukt (121 m). ▽▽

DIE LIGNE DES ALPES

DREIHUNDERT SONNENTAGE UND EIN VIERTAUSENDER

Grenoble ist die Wirtschaftsmetropole der Französischen Alpen, Briançon ihr historisches Zentrum. Die *Ligne des Alpes* und ihre Fortsetzung durch das obere Durancetal verbindet die beiden Städte. An den Bergbau im Hinterland von Grenoble erinnert der *Petit Train de la Mure.*

Briançon, das alte Festungsstädtchen von Vauban, ist gerade mal gut zehn Kilometer von der italienischen Grenze entfernt – einen Katzensprung. Entschieden weiter ist es nach Paris, dem Nabel der *Grande Nation*, das sind fast 500 Kilometer Luftlinie. Vom Pariser Quai d'Orsay aus gesehen liegt Briançon also weit hinten, sozusagen an der *banlieue* des Landes. Das erklärt vielleicht, weshalb eine Bahnfahrt von Grenoble via Gap ins Hochtal der Durance eine halbe Ewigkeit dauert, zwischen vier und acht Stunden. In der gleichen Zeit schafft es ein gut trainierter Rennradler locker über den Col du Lautaret (2058 m) nach Briançon. TPV statt TGV: *train à petite vitesse, Monsieur!*

KUNSTBAUTEN AN DER ALPENLINIE

Einen Vorteil bietet die Bahnfahrt allerdings. Wer Zeit hat und sie sich auch nimmt, genießt mit Muße die Sehenswürdigkeiten an der Strecke, den unglaublichen Felsturm des Mont Aiguille am Rand des Vercors etwa, den Stausee von Serre-Ponçon, die Vauban-Festung des Mont Dauphin, das Écrins-Massiv, dessen höchster Gipfel knapp die 4000er-Grenze überragt, und, als finales Tolkien-Motiv, Briançon mit seinen engen Altstadtgassen und dem weiten Festungskranz. Eisenbahnfreaks zeigen sich beeindruckt von den vielen Viadukten auf dem ersten Streckenabschnitt, etwa bei Vif (Croset), bei Clelles (Orbanne) oder Lus-la-Croix-Haute (Fauries).

Hinter Gap, das seit 1875 Bahnanschluss hat, kommt der Lac de Serre-Ponçon in Sicht. Ein 630 Meter langer Erddamm staut seit 1961 das 25 Quadratkilometer große Gewässer im Tal der Durance. Etwa 1500 Menschen mussten zuvor umgesiedelt, mehrere Straßen und die Bahnlinie nach Briançon verlegt werden. Der See dient gleichzeitig der Energiegewinnung und dem Hochwasserschutz am Unterlauf der Durance. Bei Niedrigwasser taucht aus dem Wasser der 300 Meter lange Viadukt Chanteloube auf. Er war Teil der nie fertiggestellten Bahn nach Barcelonnette (Baubeginn 1909, Einstellung der Arbeiten 1941).

In der Alpenstadt, die mit 300 Sonnentagen Gäste anlockt, endet die Fahrt: Briançon Gare. Hier kam die Bahn im Jahr 1884 an. Dass sie nie eine Fortsetzung ins Piemont erhielt, hatte wirtschaftliche und politische Gründe. Als zwischen Modane und Bardonecchia bereits Züge durch das zwölf Kilometer lange Loch ratterten, konnten sich Franzosen und Italiener nicht auf eine Strecke einigen: Col de Montgenèvre oder Col de l'Échelle?

Direkte Verbindung mit der Piemonteser Metropole Turin oder über den Cénis-Tunnel Anschluss ans savoyische Bahnnetz? Neben den (teuren) Tunnelvarianten wurde – nach dem Vorbild am Mont Cenis – eine Zahnradbahn des Systems Fell (siehe Seite 57) in Erwägung gezogen. Auch eine Verbindung zwischen Bourg-d'Oisans und Briançon über den Col du Lautaret blieb im Projektstadium stecken.

VON DER INDUSTRIE- ZUR MUSEUMSBAHN

Nicht nur dem Personen-, auch dem Güterverkehr eröffnete die Eisenbahn ganz neue Perspektiven. Um den Abtransport der Kohle aus den Minen von La Mure bei Grenoble rentabler zu gestalten, entschloss man sich zum Bau einer Werksbahn. Das anspruchsvolle Terrain machte es den Ingenieuren nicht leicht; die 30 Kilometer lange Strecke weist 6 große Viadukte und 18 Tunnel auf. 1888, nach sechsjähriger Bauzeit, ging der Chemin de Fer de La Mure in Betrieb. Bereits 1903 begann man mit der Elektrifizierung der Linie; die erste hier eingesetzte Lokomotive – Le Drac, benannt nach dem Hauptfluss der Region – wies eine Leistung von 500 PS auf und konnte 20 leere Waggons bergwärts ziehen. Ihre vier Motoren wurden nach einem von dem Schweizer René Thury entwickelten System mit Gleichstrom angetrieben. 1912 war die gesamte Strecke elektrifiziert – als eine der ersten weltweit!

LIGNE DES ALPES
In einem eleganten Bogen überspannt der Viaduc de Thoranne den Graben des Eau Grosse. Das Bauwerk ist nur eines von vielen auf der landschaftlich sehr reizvollen Strecke von Grenoble zum Col de la Croix Haute (1176 m). ▽▽

Eisenbahngeschichte. 1988 kam das Ende für den Anthrazitabbau in La Mure. Eine Weile fuhr der »Kleine Zug« noch, mit Rollmaterial, das aus alten Schweizer Beständen stammte. Dann sorgte ein Bergsturz für das Aus. Beinahe. Denn nach ein paar Jahren erinnerte man sich im Trièves an die Kohlebahn, erkannte ihre kulturhistorische Bedeutung – und das touristische Potenzial. Mit einem beachtlichen finanziellen Aufwand wurde die Linie teilsaniert; 2021 konnten 15 Kilometer von La Mure bis zum Belvédère über dem Stausee von Monteynard wieder in Betrieb genommen werden.

DIE UNVOLLENDETE

La Mure sollte ursprünglich nicht Endstation bleiben. Geplant war eine Fortsetzung der Bahnlinie ins Champsur und hinab nach Gap. Sie wurde nie vollendet, lediglich das Teilstück bis Corps war für zehn Jahre in Betrieb. Geblieben sind einige markante Viadukte, die heute teilweise von Straßen genutzt werden. Oberhalb von Gap steht der imposante Viaduc du Buzon als weißer Gigant in der Landschaft, ein beliebtes Fotomotiv – und ein steinernes Mahnmal geplatzter Träume.

LIGNE DES ALPES

Absoluter Blickfang an der Ligne des Alpes ist der Mont Aiguille (2087 m). Der völlig isoliert vor dem Hauptkamm des Vercors aufragende Zacken wurde bereits im Jahr 1492 erstmals bestiegen, auf Befehl des französischen Königs Charles VIII. Unglaublich!

Vom Col de la Croix Haute senkt sich die Ligne des Alpes durch eine freundliche Parklandschaft sanft nach Lus-la-Croix-Haute. In der Bildmitte der Viaduc des Fauries bei Les Lussettes; am Horizont die schroffen Felsköpfe von Tête de Vachères, Tête de la Plainie und Tête de Garnesier. ▽▽

PETIT TRAIN DE LA MURE

Über zwei weite Schleifen gewinnt der Petit Train die Höhe des Plateaus von La Mure. Im Vordergrund die beiden Loulla-Viadukte, am Horizont die Hauptkette des Vercors mit den Zwei Schwestern: links die Grande Sœur Agathe (2183 m), rechts – etwas weniger markant – die Petite Sœur Sophie (2162 m).

Dem schwierigsten Gelände abgerungen: die ehemalige Werksbahn nach La Mure. Sie wurde 2010 durch einen Bergsturz verschüttet (links im Bild) und ist jetzt als Museumsbahn von La Mure bis zum Quai des Grands Balcons (mit Restaurant und Aussichtsterrasse) wieder in Betrieb. Einmalig ist der Tiefblick auf den Lac de Monteynard, der wenig weiter talabwärts durch eine 153 Meter hohe Betonmauer aufgestaut wird. ▽▽

DER MONT-CENIS-TUNNEL

DER ERSTE GROSSE ALPENDURCHSTICH

Am Mont Cenis wurde im 19. Jahrhundert Technikgeschichte geschrieben, zwei Jahrtausende nach Hannibals legendärer Alpenüberquerung, die möglicherweise hier stattfand. Erst bauten die Engländer eine *Postbahn* über den Pass, wenig später wurde der erste große Eisenbahntunnel, der *Mont-Cenis-Tunnel,* unter dem Col du Fréjus eröffnet.

Wer die Schweiz als Wiege der Alpenbahnen sieht (und das tun viele Schweizer), hat nur bedingt recht. Denn nicht am Gotthard wurde der erste große Eisenbahntunnel gebohrt, sondern weit im Westen der Alpen, zwischen der Maurienne und dem Susatal. Für diese Pioniertat war ein Staat verantwortlich, den es gar nicht mehr gibt: das Herzogtum Savoyen, später Königreich Savoyen-Sardinien. Verantwortlich für Planung und Bauleitung war Germain Sommeiller, 1815 im östlich von Genf gelegenen Saint-Jeoire geboren, also ein echter Savoyarde. Und offenbar ein Mann mit Visionen, denn seine Bahnlinie führte nicht über die Alpen, sondern durch den Berg. 12,2 Kilometer lang sollte der Mont-Cenis-Tunnel werden, zu seiner Zeit fast schon ein vermessenes Unterfangen. Man rechnete – Stand der Technik um die Mitte des 19. Jahrhunderts – mit einer Bauzeit von mindestens 30 Jahren.

MIT DEM ZUG DURCH DEN BERG

Doch es sollte anders kommen. Sommeiller, studierter Ingenieur, machte sich technische Neuerungen zunutze; statt Schwarzpulver und Handwerkszeug setzte er moderne Presslufthämmer und Dynamit ein. Dadurch verkürzte sich die Bauzeit erheblich; bereits 1870, nur 13 Jahre nach dem Anstich, dampfte die erste Lokomotive durch den Tunnel! Das scheinbar Unmögliche war Wirklichkeit geworden, der Berg »besiegt«.

Mit der Bahn begann ein neues Zeitalter im Alpenraum. Und der wurde während des Tunnelbaus politisch gerade neu vermessen. Das kuriose Königreich Savoyen-Sardinien verschwand von der Landkarte, aufgeteilt zwischen Frankreich und dem neu gegründeten Staat Italien. Vittorio Emanuele II. aus dem Hause Savoyen bestieg am 14. März 1861 als erster König Italiens in Rom den Thron. Der Eisenbahntunnel am Col du Fréjus, als innersavoyische Linie projektiert und begonnen, verband nun Frankreich und Italien.

DIE POSTBAHN

Eine andere Alpenbahn war da bereits wieder Geschichte: der Postzug über den Col du Mont Cenis (2083 m). Erdacht wurde er in London, zu jener Zeit Nabel der Welt (und ihr Machtzentrum). Den Briten war eine gut funktionierende Kommunikation mit den weltfernen Kolonien wie etwa Indien wichtig.

Der einzige Postweg ging übers Meer, was natürlich dauerte. Sehr viel schneller war da ein neues Verkehrsmittel: die Eisenbahn. Und das Schienennetz in Europa wuchs rasant. Auch die Alpen stellten kein unüberwindliches Hindernis mehr dar. Etwa um 1890 – so die Planung – sollte der erste große Bahntunnel eröffnet werden. Das dauerte den Engländern im Hinblick auf den Postweg nach Indien entschieden zu lang. Also machten sie sich umgehend daran, eine kleine Zahnradbahn zu bauen. Das von dem britischen Ingenieur John Barraclough Fell entwickelte System mit einer dritten Schiene erlaubte Steigungen bis zu 88 Promille – ideal zur Überwindung großer Höhenunterschiede. Nach einer extrem kurzen Bauzeit von zwei Jahren ging die kleine Postbahn 1868 in Betrieb. Nach drei Jahren war allerdings bereits wieder Schluss, als der Tunnel Mont Cenis zwischen Modane und Bardonecchia eröffnet wurde.

EIN MUSEUM IN NEUSEELAND

Der technische Fortschritt hatte die Mont-Cenis-Bahn überholt – ein Zug den anderen. Jetzt reisten Mensch und Post noch viel schneller, im Tunnel des Monsieur Sommeiller. Mister Fell durfte im fernen Neuseeland (das damals auch Teil des britischen Weltreichs war) noch ein paar kleine Bergbahnen bauen. Die Kiwis haben ihm zum Dank auf ihrer Südinsel ein Denkmal errichtet: das Fell Locomotive Museum. Da können Besucher die einzige, weltweit noch erhaltene Dampflok des Systems Fell bestaunen.

» Die Zeit wird kommen, in der Menschen
in dampfgetriebenen Postkutschen
von einer Stadt zur andern reisen,
fast so schnell wie ein Vogel fliegt,
fünfzehn oder zwanzig Meilen in der Stunde.

Oliver Evans (1755–1819),
US-amerikanischer Erfinder

MONT-CENIS-BAHN

Bei Exilles führt die Fréjus-Linie an der gleichnamigen gewaltigen Festung vorbei. Sie wurde im 19. Jahrhundert unter den Savoyern errichtet, nachdem Napoleon einen Vorgängerbau hatte schleifen lassen. In der alten Burg saß zu Zeiten Ludwigs XIV. ein geheimnisvoller Gefangener ein, der »Mann mit der eisernen Maske«. Es könnte sich – so ein hartnäckiges Gerücht – um den Zwillingsbruder des Monarchen gehandelt haben.

MONT-CENIS-POSTBAHN

Die Serpentinen der Mont-Cenis-Straße unterhalb des großen Stausees. Gut zu erkennen ist die Trasse der Fell'schen Postbahn, die drei Jahre von 1868 bis 1871 am Pass verkehrte. ▽▽

LLES

DER MONT-BLANC EXPRESS

IM SCHATTEN DES »WEISSEN RIESEN«

Ziemlich nahe kommt man dem höchsten Berg der Alpen auf der Fahrt mit dem *Mont-Blanc Express* vom Unterwallis nach Chamonix, noch näher bei einem Ausflug nach *Montenvers* oder zum *Nid d'Aigle.* Den schönsten Blick auf den weißen Riesen vermittelt allerdings der *Parc d'Attractions* von Emosson.

Mont-Blanc Express. Ein überaus werbewirksamer Begriff. Schließlich ist der Mont Blanc die Nummer eins unter den Alpengipfeln, höher als jeder andere Berg zwischen Wien und Nizza. Nur logisch, dass die Bahnlinie von Martigny nach Chamonix und weiter nach Saint-Gervais-les-Bains diesen Superlativ im Namen führt. Aber Vorsicht: Wer nicht gut aufpasst (und auf der richtigen Seite des Zuges sitzt), wird den 4810 Meter hohen Schneedom gar nicht zu Gesicht bekommen, weder am Südportal des Tunnels unter dem Col des Montets noch in Chamonix. Denn der »weiße Riese« versteckt sich diskret hinter seinen Vasallen. Und die stehlen ihm auf dieser Bahnfahrt glatt die Show.

Da stechen scharfkantige Granitzacken in den Himmel, angeführt von der Aiguille Verte, den Drus und der Aiguille du Midi; dahinter lugt ein schneebedeckter, sanft gewölbter Rücken ins grandiose Bild: das »Dach Europas«. Ob der höchste Punkt der Alpen auf französischem Territorium liegt oder Grenzgipfel zwischen Italien und Frankreich ist, ließ sich übrigens bis dato nicht abschließend klären. Der Kasus liegt aktuell bei der UNO.

HOCH HINAUF ZUM PARC D'ATTRACTIONS

Dem Berg ist es egal, den Reisenden im Mont-Blanc Express ebenfalls. Sie genießen die gut zweistündige Fahrt vom Walliser Rhonetal ins savoyische Arvetal. Spektakulär bereits der Auftakt. Nach einer Steilstrecke und einem Kehrtunnel geht's hoch über der wilden Trient-Schlucht über Brücken, durch Galerien und Tunnel taleinwärts. Zweitletzter Halt vor der französischen Grenze ist das Dörfchen Le Châtelard, unter Eisenbahnfreaks bekannt für den Parc d'Attractions. Der besteht im Wesentlichen aus zwei Standseilbahnen und einer Schmalspurstrecke, auf der fallweise eine aus dem Jahr 1911 stammende Dampflok mit dem hübschen Namen »Liseli« zum Einsatz kommt.

Die untere der beiden Standseilbahnen war bis zur Eröffnung der neuen Stoosbahn (2017) steilste Zweikabinen-Standseilbahn Europas (Steigung 87 Prozent). Der Ausflug zum aufgestauten Lac d'Emosson bietet nicht nur ein bahnhistorisches Erlebnis, sondern auch starke Landschaftseindrücke, Prachtblick auf den Mont Blanc inklusive. Eine knapp fünfstündige Wanderung führt zu den Fußabdrücken früher Archosaurier, die unweit vom Lac du Vieux Emosson entdeckt wurden. Ihr geschätztes Alter: 240 Millionen Jahre.

ZUM EISMEER IM CHEMIN DE FER DE MONTENVERS

Der Mont-Blanc Express passiert im Scheiteltunnel unter dem Col des Montets (1461 m) die Wasserscheide zwischen Trient und Arve. In Chamonix gibt's im Sommer gleich zwei Möglichkeiten, dem Eis näherzukommen: die nächstgelegene Eisdiele oder eine Fahrt hinauf nach Montenvers mit der Zahnradbahn, der Chemin de Fer de Montenvers. Den Abstecher unternahm schon Goethe auf seiner Schweizreise 1779, natürlich zu Fuß. Er notierte in sein Tagebuch: »Was für eine Hingabe an dieses Schauspiel aus Eis!« Verständlich, dass der Geheimrat beeindruckt war. Damals hing die Zunge des Mer de Glace bis fast in den grünen Boden des Arvetals hinunter und vom Eismeer wehte ein kühler Luftzug zur nahen Aussichtskanzel herauf. Mittlerweile muss man von der Bahnstation rund 200 Höhenmeter absteigen zum Eis (Seilbahn, Treppen). Und das versteckt sich auch noch unter einer dicken Geröllschicht. Mer de Glace? Für leichte Gänsehaut sorgen alljährlich Bergführer der Alpenstadt, die eine Grotte ins Eis treiben …

Nur wenige Jahre nach Goethes Besuch in Chamonix standen die ersten Menschen auf dem Mont Blanc: Jacques Balmat und Michel-Gabriel Paccard hissten nach ihrem zweitägigen Aufstieg am 8. August 1786 am Gipfel eine Flagge, die man mit dem Fernglas von Chamonix aus sehen konnte. Chapeau!

Mit der Eroberung der Berge durch die Technik geriet auch der Mont Blanc in den Fokus der Bahnbauer, wie zuvor bereits das Matterhorn und die Jungfrau in den Schweizer Alpen. Am »Weißen Berg« konkurrierten sogar zwei Projekte mit Ausgangspunkten in Les Houches und Saint-Gervais-les-Bains. Letzteres wurde in den Jahren vor dem Ausbruch des Ersten Weltkriegs teilweise realisiert und ist heute noch als Tramway du Mont Blanc in Betrieb. Endstation der 12,5 Kilometer langen Zahnradbahn (Steigung bis 25 Prozent) ist allerdings nicht der Viertausender, sondern eine Aussichtskanzel auf knapp halber Höhe: Le Nid d'Aigle (2372 m). Hier beginnt der meistfrequentierte Anstieg auf das »Dach Europas« über den Dôme du Goûter und den Nordwestgrat. Alljährlich machen sich rund 20 000 (!) Bergsteiger auf den Weg, darunter viele Anfänger. So ist der Mont Blanc nicht nur der höchste Berg der Alpen, auch in der Statistik der Unfälle steht er ganz vorn. Ein trauriger Rekord.

MONT-BLANC EXPRESS
Den Höhenunterschied zwischen der Sohle des Rhonetals und Salvan überwindet der Mont-Blanc-Express an der Zahnstange bei Maximalsteigungen von 20 Prozent. Mit Strom werden die Züge über eine seitlich angebrachte Schiene (im Bild rechts) versorgt. Die geplante – und aus Sicherheitsgründen eigentlich vorgeschriebene – Umrüstung auf eine Oberleitung scheiterte am zu kleinen Tunnelquerschnitt.

Die Siedlungen des unteren Trienttals liegen auf sonnigen Hangterrassen über dem wilden Graben. Eine Ausnahme macht Le Trétien, dessen Häuser sich buchstäblich an den abschüssigen Waldrücken im Winkel zwischen Triège- und Trientschlucht klammern. ▽▽

MONT-BLANC EXPRESS

Der Col des Montets (1461 m) ist Wasserscheide zwischen dem Eau Noire und der Arve. Die Bahn unterfährt ihn in einem 1863 Meter langen Tunnel zwischen Vallorcine (im Bild) und Argentière.

Bei Les Houches quert der Mont-Blanc Express in luftiger Höhe auf dem Viaduc Sainte-Marie die Arve. ▽▽

MONT-BLANC EXPRESS

Lärchen und Birken säumen die Trasse des Mont-Blanc Express im Anstieg zum Tunnel unter dem Col des Montets.

CHEMIN DE FER DU MONTENVERS

Station Montenvers (1906 m). Das Mer de Glace, die eisige Herzkammer des Mont-Blanc-Massivs, wird überragt von den Grandes Jorasses (4208 m). Rechts lugt der »Riesenzahn« (Dent du Géant) ins Bild. Unter Geröll vergraben liegt das Mer de Glace – ein trauriger Anblick. Vor 150 Jahren hing die Gletscherzunge noch fast bis ins Arvetal hinunter. ▽▽

CHEMIN DE FER DU MONTENVERS
Galerien schützen die Trasse der Zahnradbahn von Chamonix nach Montenvers vor Lawinen und Muren.

TRAMWAY DU MONT BLANC
Endstation Adlerhorst (Nid d'Aigle, 2372 m). Ursprünglich sollte die Zahnradbahn bis zum Mont Blanc geführt werden. Dieses Ziel war dann offensichtlich zu hoch gesteckt.

In zunehmend felsigerem Gelände windet sich der Tramway du Mont Blanc vom Col du Mont Lachat hinauf zum Nid d'Aigle, einem prächtigen Aussichtspunkt an cer Südflanke des Mont-Blanc-Massivs. ▽▽

DIE SCHWEIZER ALPEN

DAS LAND DER BERGBAHNEN – AUF SCHIENEN INS HOCHGEBIRGE

Keine Frage, die Eidgenossenschaft ist das Land der Alpenbahnen schlechthin. Das liegt nicht nur an ihrer geografischen Lage, die den Bau von Transitrouten begünstigte; als Triebfeder erwies sich schon früh der Tourismus. Die Erfindung der Zahnradbahn löste einen wahren Bauboom aus, zunächst in der Innerschweiz, im Berner Oberland und am Genfersee, später auch in Graubünden. Man erkannte bald den Wert dieser Infrastruktur und pflegte sie auch entsprechend. Sogar den Siegeszug des Autos nach dem Zweiten Weltkrieg überstand das dichte Bahnnetz des Landes weitgehend unbeschadet.

DIE MONTREUX-OBERLAND-BAHN

BILDERBUCH-SCHWEIZ: VOM BERNER OBERLAND ZUR WAADTLÄNDER RIVIERA

Interlaken und Montreux sind zwei Hotspots des Schweizer Tourismus, beliebt bereits während der Belle Époque. Fast ebenso alt ist die schmalspurige *Montreux-Oberland-Bahn,* die beide Städte verbindet und durch eine romantische Alpenregion verläuft. Auch in der weiteren Umgebung von Montreux brach zu der Zeit das Eisenbahnfieber aus. Davon zeugen die Schmalspurbahnen zu den *Rochers de Naye,* nach *Leysin, Les Diablerets, Bretaye, Champéry* und *Les Pléiades,* alle mit Zahnrad – und noch heute in Betrieb. Typisch Bahnland Schweiz.

GoldenPass. Das klingt nicht nach Schwyzerdütsch und schon gar nicht französisch. Schon eher nach Werbesprech. Vielleicht wollten die Verantwortlichen der Montreux-Oberland-Bahn (MOB) auch nur den »Röschtigraben« umgehen, führen ihre Gleise doch von der Westschweiz (französisch-lässig) in die Deutschschweiz (fleißig-nüchtern) – oder umgekehrt. Da könnte möglicherweise ein kleiner Ausflug ins Angelsächsische helfen, sozusagen sprachlich neutral.

FORTSCHRITTSGLAUBE DER BELLE ÉPOQUE

Bahnreisenden, vor allem wenn sie aus dem Ausland kommen, sind solche Empfindlichkeiten eher fremd, verständlicherweise. Sie interessieren sich vor allem für Natur und Technik. Und dass sich das eine mit dem anderen bestens verbinden lässt, beweist eine Fahrt mit der MOB aufs Schönste. Die Ingenieure an der Wende vom 19. zum 20. Jahrhundert, Zeitgenossen der Belle Époque also, legten die mehr als 70 Kilometer lange Schmalspurstrecke elegant in die Bilderbuchlandschaft zwischen Genfer See (Lac Léman), Greyerz und Simmental. Die präsentiert sich als facettenreiches grün-graues Gemälde – Wiesen, Wald und Fels – mit ein paar Bauerndörfern dazwischen: heile Schweizwelt. So sah man das wohl auch vor gut einem Jahrhundert am größten Alpensee und in Interlaken, wo der Tourismus schon ganz früh Fuß gefasst hatte. Gstaad, heute ein Biotop der Superreichen, war damals noch ein unbedeutendes Nest, dessen 200 Einwohner von Milch und Käse lebten. Die Bahn sollte den Weg in eine bessere Zukunft öffnen, über zwei Kantonsgrenzen hinweg. Das machte die Sache nicht einfacher, doch schließlich war es der Fortschrittsglaube, der den Durchbruch brachte. 1901 erfolgte der Spatenstich und bereits vier Jahre später wurde die Strecke von Montreux nach Zweisimmen eröffnet – elektrisch von Anfang an.

Mag das Klima in Montreux auch leicht mediterrane Züge aufweisen, im Hinterland dauert der Winter in der Regel doppelt so lang. Auch auf den Rochers de Naye, die knapp über die 2000er-Höhenmarke hinausragen. Eine gut zehn Kilometer lange Zahnradbahn aus dem Baujahr 1892 führt von Montreux bis knapp unter den Gipfel des berühmten Aussichtsberges.

Das Schweizer Ufer des Genfer Sees erlebte während der rauschhaften Belle Époque, ausgelöst durch die Anbindung an das internationale Schienennetz (Simplon-Linie), einen wahren Eisenbahnboom. See und Berge waren schon damals eine unschlagbare Attraktion. So wurden Zugstrecken nach Leysin, das es als Luftkurort in der zweiten Hälfte des 19. Jahrhunderts zu einiger Berühmtheit gebracht hatte, nach Villars-sur-Ollon, Les Diablerets und Champéry gebaut, dazu mehrere Trambahnen in der Umgebung von Montreux. Eine Zahnradbahn eroberte den Col de Bretaye oberhalb von Villars, Standseilbahnen machten Glion und Sonloup bei Montreux bequem erreichbar. Auch Vevey, der westliche Nachbarort am Lac Léman, erschloss sich Aussichtspunkte: Les Pléiades per Zahnradbahn, den Mont Pèlerin mit einer Standseilbahn. Die aufgelassene Strecke zwischen Chamby und Blonay ist heute als »Museum auf Schienen« eine Attraktion (Chemin de Fer-Musée Blonay-Chamby) mit einer fantastischen Kollektion ausrangierter Loks und Waggons. Für Eisenbahn-Freaks ein Erlebnis!

Ein Erlebnis ist auch die Fahrt in einem der (goldfarben bemalten) Waggons von Interlaken nach Montreux. Gut drei Stunden dauert das Vergnügen, das am Thunersee startet und durch das grüne Niedersimmental mit seinen prächtigen Bauernhäusern nach Zweisimmen führt. Parallel zur Kleinen Simme geht's hinauf zur Wasserscheide von Saanenmöser. Hinunter nach Gstaad, wo heute möglicherweise mehr Millionäre logieren, als Kühe auf der Weide stehen, dort kommen ein paar markante Zacken der Freiburger Kalkalpen ins Blickfeld, angeführt von der Gummfluh. Zwischen Saanen und Rougemont überquert man die Grenze zum Kanton Fribourg. Parlez-vous français?

Rossinière wartet dann mit einer besonderen Sehenswürdigkeit auf: dem Grand Chalet. Und das ist wirklich riesig mit seinen 500 Quadratmetern Grundfläche und sagenhaften 113 Fenstern! Erbaut wurde es um die Mitte des 18. Jahrhunderts. Prominenter Bewohner war ab 1976 bis zu seinem Tod 2001 der Maler Balthus.

VERHEISSUNGSVOLLER NAME: LE TRAIN DU CHOCOLAT

In Montbovon stößt man auf die Bahnlinie von Bulle. Nur wenige Kilometer weiter nördlich liegt Broc, das vom Train du Chocolat angesteuert wird. Kein Zufall, denn hier steht seit 1898 das Maison Cailler, die Fabrik des damals umsatzstärksten Schweizer Schokoladenherstellers. Später fusionierte Cailler mit zwei Konkurrenten, mit denen das Unternehmen schließlich bei Nestlé landete. Vevey, der Geburtsort von François-Louis Cailler (1796–1852), ist heute Firmensitz des weltweit größten Nahrungsmittelkonzerns.

Zurück nach Montbovon. Hier beginnt der Anstieg zum Tunnel du Jaman, Maximalsteigung stolze 73 Promille – ohne Zahnstange. Dann geht's hinein ins Dunkel, bis sich nach zwei Minunten am Westportal die Genfer-See-Landschaft auftut. Was für ein Finale! Der See, darüber die Bergketten des savoyischen Chablais – ein Bild, das sich auf der Talfahrt immer schöner entfaltet. Da versteht man leicht, weshalb die Sonnenseite des oberen Genfer Sees bei ihren Besuchern bald als Schweizer Riviera bezeichnet wurde.

△△
Von links: Die Pilatusbahn, steilste Zahnradbahn der Welt;
an der Südrampe der Berninabahn;
über steile Grasflanken windet sich die Brienz-Rothorn-Bahn hinauf zu dem berühmten Aussichtsgipfel;
Kreuzungspunkt der Zahnradbahn von Aigle nach Leysin.

MONTREUX-OBERLAND-BAHN

Originelle Architektur zeigt der kleine Bahnhof von Chamby. Ein Tipp für Eisenbahnfans ist die Museumsbahn Blonay–Chamby mit ihrer sensationellen Kollektion längst ausrangierter Loks und Waggons – ein Museum auf Schienen.

MONTREUX-OBERLAND-BAHN
Die Fahrt hinunter nach Montreux bietet Aussicht auf die Waadtländer Riviera, den Genfersee und die Grenzberge zu Frankreich.

Das Hochtal von Hongrin unter dem Jaman-Tunnel der MOB: satte Wiesen, schroffe Gipfel und ein berühmter Käse, der Greyerzer. Links der Bildmitte die markante Pyramide des Dent de Jaman (1874 m). ▽▽

ROCHERS DE NAYE

Die 1892 eröffnete Zahnradbahn windet sich in Schleifen von Montreux über Caux hinauf zum Gipfel der Rochers de Naye (2042 m). Im obersten Streckenabschnitt passiert sie mehrere Lawinengalerien und Tunnel bis zur Bergstation (1967 m). Besonders spektakulär ist ihr Verlauf zwischen Jaman und dem Gipfeltunnel.

Vom Gipfel der Rochers de Naye geht die Aussicht nordwärts über ein paar Zacken der Freiburger Voralpen bis ins Mittelland. Das Panorama ist fantastisch, Genfersee-Blick inklusive. Ein Tipp, besonders für Familien: das Murmeltier-Paradies. ▽▽

ROCHERS DE NAYE

In den Freiburger und Waadtländer Voralpen stehen einige sehr markante Berge wie der Tour de Mayen und der Tour d'Aï (rechts). An dem Gratrücken im Vordergrund blüht es im Sommer gleich hundertfach: im Botanischen Alpengarten La Rambertia.

AIGLE-LES DIABLERETS-BAHN

Auf der Fahrt nach Les Diablerets kommt hinter Le Sépey das mächtige Kalkmassiv der Diablerets (3210 m) ins Bild. ▽▽

AIGLE-CHAMPÉRY-BAHN

Auf einem gemauerten Viadukt überquert die Bahnlinie nach Champéry bei Troistorrents den Graben der Vièze de Morgins. Nur für einen Augenblick zeigt sich dabei das malerische Ensemble der denkmalgeschützten Mühlen von La Tine. Sie sind seit 1401 urkundlich bezeugt, die Gebäudegruppe mit dem Museum Vimoti kann besichtigt werden.

DIE ZENTRALBAHN

SEEN, GIPFEL UND EIN KLEINER PASS – VON LUZERN NACH INTERLAKEN

Seen prägen die Fahrt mit der *Zentralbahn* von Luzern über den Brünigpass nach Interlaken. Das große Alpenpanorama bieten gleich zwei Gipfelbahnen an der Strecke: die *Pilatus-* und die *Brienz-Rothorn-Bahn.* Letztere »kocht« noch heute mit Wasser – als Dampfbahn.

Eisenbahnnarren gibt es in der Schweiz viele. Und Sensationelles auf Schienen auch. Wenn beides zusammenfindet, bleiben manchmal historische Industrie-Kulturgüter erhalten. Wie an der Brünigstrecke die Bahnhöfe von Giswil und Meiringen. Die liegen am Nord- bzw. Südfuß des Brünigpasses, am Beginn der beiden Zahnradrampen. Bis zur Elektrifizierung der Strecke im Zweiten Weltkrieg verkehrten hier Dampfloks, und die konnten aus technischen Gründen nicht rückwärts bergab fahren. Also mussten die Lokomotiven im Tal jeweils gewendet werden. Auf einer Drehscheibe. Anschließend konnten sie wieder vorwärts über den Berg dampfen, hinauf und hinunter.

Das taten sie später auch brav bei den Nostalgiefahrten, veranstaltet vom Freilichtmuseum Ballenberg am Brünig. Bis zum Umbau der beiden Bahnhöfe. Da drohte das Ende für die beliebten Veranstaltungen. Erst eine private Initiative rettete die beiden Drehscheiben, die bloß ein Stück weit umziehen mussten und nun weiterhin in Betrieb sind. Kostenpunkt: ein paar Hunderttausend Fränkli. Ein Hoch auf die Eisenbahnnarren!

DIE FÜNF-SEEN-BAHNFAHRT

Eröffnet wurde die Brünigbahn 1888, allerdings nur der Abschnitt zwischen Alpnachstad und Brienz. Anschluss gab's hier wie dort zunächst nur über den Vierwaldstätter- bzw. den Brienzersee, also übers Wasser. Erst drei Jahrzehnte später (1916) ging die gesamte, 74 Kilometer lange Strecke zwischen Luzern und Interlaken in Betrieb. Mit einer Spurweite von einem Meter war sie die einzige Schmalspurbahn der SBB. 2005 kam die Brüniglinie an die private Luzern-Engelberg-Bahn; die beiden Strecken firmieren seither unter dem Kürzel *zb* für Zentralbahn.

Knapp zwei Stunden dauert die Fahrt von der Innerschweiz ins Berner Oberland. Sie führt vorbei an nicht weniger als fünf Seen und am Brünigpass ganz knapp über die 1000-Meter-Höhenmarke hinaus. Viel weiter hinauf geht's mit der Pilatusbahn, zu deren Talstation in Alpnachstad man bequem von der LSE umsteigen kann. Sie macht die »Besteigung« des Luzerner Hausbergs zu einem ganz besonderen Erlebnis: 4,5 Kilometer Strecke bei 1635 Metern Höhengewinn, mit einer Maximalsteigung von 48 Prozent. Weltrekord! In einer halben Stunde schaffen die Züglein die Fahrt vom Ufer des Alpnacher Sees bis in alpine Regionen – und zur großen Aussicht. Die reicht an klaren Herbsttagen oder bei Föhn vom Säntis im Osten bis zum Wildhorn im Südwesten. Blickfang sind die Eis- und Felsriesen der Berner Alpen, angeführt von Finsteraarhorn, Eiger, Mönch und Jungfrau.

VON BRIENZ AUF SEIN ROTHORN

Noch eindrucksvoller präsentiert sich diese eisumwallte Felsphalanx vom Brienzer Rothorn aus. Da sind die Viertausender dann ein gutes Stück näher. Doch erst einmal muss man hinauf und das geht zwar bequem, aber auch sehr gemütlich mit der Zahnradbahn. Eine Stunde benötigt sie – Zwischenhalt zum Wassertanken inklusive – für die 7,6 Kilometer lange Strecke von Brienz bis zur Bergstation knapp unter dem berühmten Aussichtsgipfel. Da hat man ausreichend Muße, die sich immer schöner entfaltende Aussicht zu genießen, die Tiefblicke auf den Brienzer See. Bis dann die Hochgipfel der Berner Alpen mit Schreckhorn und Finsteraarhorn über der vorgelagerten Schwarzhorn-Faulhorn-Kette ins Bild treten. Wow!

Oben weht meistens ein frischer Wind und das ist gut so, bläst er doch den Rauch aus Kleidern und Haaren. Denn die Brienz-Rothorn-Bahn wird auch im 21. Jahrhundert noch mit Dampf betrieben. Das lockt Nostalgiker aus der ganzen Welt an, denn es handelt sich hier um die letzte Dampfbahnlinie der Schweiz.

Dass es heute noch so schön raucht und dampft und die Strecke nie elektrifiziert wurde, hat vor allem eine – ganz banale – Ursache: Geldmangel. Pläne, die mehr als hundert Jahre alte Anlage zu modernisieren, scheiterten immer wieder – dafür hat Brienz jetzt eine einmalige Attraktion. Die ältesten Loks der Brienz-Rothorn-Bahn wurden 1891 in Betrieb genommen – und sie tun heute noch zuverlässig ihren Dienst. Bei großem Andrang werden zusätzlich Diesellokomotiven eingesetzt.

ZENTRALBAHN

Morgenstimmung über dem Aarboden. In der Bildmitte die kanalisierte Aare, rechts die Schnellstraße nach Meiringen. Und am Horizont wärmen sich die Gipfel der Urner Alpen im Sonnenlicht des frühen Tages. Markant erhebt sich die ebenmäßige Pyramide des Mährenhorns (2924 m). △
Zweibeiner, Vierbeiner und Räder: Fortbewegung im 21. Jahrhundert. Eine ländliche Idylle am Brünigpass mit moderner Zugkomposition der Zentralbahn. Sie meistert die Steilstrecken beiderseits des Passes an der Zahnstange, nicht anders als vor hundert Jahren. ▷

BRIENZ-ROTHORN-BAHN

Auf zur großen Aussicht! Während der Bergfahrt zum Brienzer Rothorn (2348 m) treten die ganz Großen der Berner Hochalpen hinter der vorgelagerten Bergkette ins Bild. Fast vier Kilometer Höhenunterschied liegen zwischen dem Spiegel des Brienzersees und dem höchsten Gipfel im Panorama, dem Finsteraarhorn (4274 m). Das zeigt sich auf der linken Bildhälfte rechts neben Lauteraarhorn und Schreckhorn, in der rechten sind Eiger, Mönch und Jungfrau deutlich auszumachen. ▽▽

BRIENZ ROTHORN BAHN
16
SIG B8

BRIENZ-ROTHORN-BAHN

Aus der Bauzeit der Brienz-Rothorn-Bahn sind lediglich noch zwei Loks in Betrieb. Die Nr. 16 sieht ihnen täuschend ähnlich, wurde aber erst 1992 gebaut und 2005 von der Rochers-de-Naye-Bahn angekauft. Im Gegensatz zu den Originallokomotiven wird sie nicht mit Kohle, sondern mit Öl befeuert.

Seit bald 130 Jahren klettert die Rothornbahn von Brienz hinauf zum berühmten Aussichtsgipfel über dem Brienzer See. Und auch heute, in unserer zunehmend digital geprägten Zeit, immer noch dampfgetrieben wie am ersten Tag, dem 17. Juni 1892. Kein Wunder, dass eine Fahrt mit der Dampf-Zahnradbahn ein Highlight für Eisenbahnfans aus aller Welt ist. ▽▽

PILATUSBAHN

In der grünen Matt, der von Bergsturztrümmern geprägten Talmulde zwischen den Felsmauern der Chlingen und des Mattstocks, beginnt der spektakulärste Streckenabschnitt der Pilatusbahn. Bitte anschnallen!

Der Vierwaldstättersee liegt unter einer dicken Nebeldecke, darüber zeigen sich im Osten die Gipfel der Glarner und Urner Alpen. Die Pilatusbahn klettert an der Zahnstange aus der Matt hinauf zur Bergstation. ▽▽

PILATUS

DIE BERN-LÖTSCHBERG-SIMPLON-BAHN

DIE TUNNELSTRECKE – ZWEIMAL DURCH DEN BERG

Gleich doppelt durchbricht die zweite Alpentraversale der Schweiz, die *Bern-Lötschberg-Simplon-Bahn,* den Gebirgswall: erst am Lötschberg, dann am Simplon. Am Lötschberg sogar zweimal; 2007, ein Jahrhundert nach der Tunneleröffnung zwischen Kandersteg und dem Lötschental, ging der Basistunnel in Betrieb.

Ritzibodo heißt der Platz und mit ihm hat es seine besondere Bewandtnis. Er steht für Epochales, obwohl man ihm das gar nicht ansieht. Aus dem Bietschtal plätschert eine uralte Suone, ein Wasserkanal, am felsigen Hang talauswärts, den Feldern über dem Rhonetal entgegen. Dort floss das Wasser schon, als man noch mit der Postkutsche auf holprigen Wegen über die Alpen reiste. Rund hundert Meter unter dem Bodo (Walliser Dialekt für Boden) bohrten Mineure 1911 den Bietschtaltunnel I in den Fels, und nochmals 300 Meter tiefer sausen heute die modernen Zugeinheiten mehr als 200 Stundenkilometer schnell im Lötschberg-Basistunnel durch den Berg: 34,6 Kilometer in zehn Minuten!

Wanderer, die den Lötschberg zu Fuß überqueren, sind hingegen den ganzen Tag unterwegs, auch jene, die den Lötschberg-Südrampenweg unter die Füße nehmen. Er gehört zu den Walliser Wanderklassikern, wurde 2013 von Eggerberg bis Brig verlängert, auf stolze 31 Kilometer Gesamtlänge. Man bewegt sich – dabei allmählich an Höhe verlierend – an der Sonnenseite des Rhonetals, genießt im Wechsel herrliche Aussicht auf die Viertausender der Walliser Alpen und Gänsehautpassagen in den tiefen Schluchten, die es zu queren gilt. Immer in der Nähe: die Doppelspur der 1913 eröffneten Lötschbergbahn. Die überbrückt alle Seitentäler an ihren Mündungen auf spektakulären Viadukten.

IMPOSANTE INGENIEURSKUNSTSTÜCKE

Ein tolles Fotomotiv liefert der Luogelkin-Viadukt mit seinen fünf je zwanzig Meter breiten Bögen bei der Bahnstation Hohtenn, dem Startpunkt der Tour. Nicht nur Technikfreaks sind hingerissen von der Stahlkonstruktion des Bietschtal-Viadukts, das in einem Bogen den wilden Graben überspannt und ursprünglich von 125 000 (!) Nieten zusammengehalten wurde. Die hat man aus Sicherheitsgründen in den 1980er-Jahren teilweise durch Passschrauben ersetzt.

Auch die Nordrampe der Lötschbergbahn wartet mit einigen herausragenden Bauwerken auf. Sie überwindet den Höhenunterschied zwischen Kandergrund und Kandersteg mit einer Doppelschleife und zwei Kehrtunnels. Einen markanten Akzent in die Frutiger Landschaft setzt der Kanderviadukt mit seinen elf Pfeilerbogen. Auch hier gibt es für Wanderer einen begleitenden Themenpfad, den BLS-Erlebnisweg (Kandersteg–Frutigen).

Als logische Fortsetzung der Lötschbergstrecke öffnet der Simplontunnel den Weg in den Süden, nach Mailand. Umgekehrt vermittelte die Alpenbahn eine direkte Verbindung zwischen dem oberitalienischen Raum und Frankreich. 1906 wurde das Gemeinschaftswerk der Schweiz und Italiens mit der ersten Tunnelröhre eröffnet. Ein halbes Jahrhundert später feierte die italienische Post das epochale Ereignis mit einer 25-Lire-Sondermarke. Die geriet allerdings recht realitätsfern: In Italien gilt, wie in der Schweiz, auf der Schiene Links- und nicht Rechtsverkehr. Die Simplonlinie war von Anfang an elektrifiziert (kein Dampf) und die zweite Röhre wurde erst in den 1920er-Jahren gebaut. Außerdem bediente sich der »Künstler« mit seiner Postkutschendarstellung schamlos bei dem Schweizer Maler Rudolf Koller und dessen Bild *Die Gotthardpost*.

DER MANN, DER DEN SIMPLONPASS »ERFAND«

Eine ähnliche Bedeutung wie die Gotthardbahn gewann die BLS als Alpentransversale nie, auch nicht nach dem Bau des Basistunnels unter dem Lötschberg. Nur einmal in seiner Geschichte lief der Simplonpass für ein paar Jahrzehnte den anderen Schweizer Alpenübergängen den Rang ab. Das war in der Zeit des Kaspar Stockalper (1609–1691). Er erkannte die wirtschaftliche und strategische Bedeutung der Route. Dabei kam ihm zugute, dass durch den Dreißigjährigen Krieg in weiten Teilen Europas Anarchie herrschte und so manche Handelsstraßen deswegen nicht zu nutzen waren. Stockalper ließ den Passweg ausbauen, richtete Hospize und Herbergen ein – wie die »Taferna« und den »Alten Spittel« südlich unter der Passhöhe – und kassierte dafür tüchtig. In seinem Palast, der das Städtchen Brig buchstäblich in den Schatten stellt, herrschte ein unschweizerischer Luxus; der »König des Simplons« umgab sich mit einem ganzen Hofstaat von dienstbaren Geistern. Was für eine Karriere.

BERN-LÖTSCHBERG-SIMPLON-BAHN
Knapp 30 Meter über dem Wasser queren die beiden Brücken bei Frutigen die Kander. Der 265 Meter lange Viadukt mit seinen elf Pfeilerbogen wurde 1913 in Betrieb genommen; beim doppelgleisigen Ausbau kam 1981 die etwas längere, moderne Betonbrücke dazu.

Schwindelerregende Sicht in die Mündungsschlucht des Bietschtals. Rund 1400 Tonnen schwer ist die Eisenkonstruktion der Bietschtalbrücke, die sich so leicht, fast schwebend, über den Bietschbach spannt. Ein sensationelles Bauwerk, das ursprünglich von 125 000 Nieten zusammengehalten wurde. ▽▽

BERN-LÖTSCHBERG-SIMPLON-BAHN
Tunnelportale bei Brig. Die Jahreszahlen über den Rundbögen stehen für den Zeitpunkt der Inbetriebnahme: 1906 für die erste, 1921 für die zweite Röhre. Bis 1982 war der Simplontunnel der längste Tunnel weltweit. △
Bei Blausee-Mitholz überwindet die Trasse der Lötschbergbahn den Höhenunterschied nach Kandersteg mithilfe von zwei langen Schleifen und mehreren Tunnel. Dabei öffnen sich Tiefblicke auf den grünen Boden des Kandertals und den klaren Blausee, einen der beliebtesten Ausflugsziele der Region. ▷

Seit der Eröffnung des Lötschberg-Basistunnels (34,6 km) sind auf der alten Lötschberglinie nur noch Regionalzüge unterwegs. Ein Erlebnis ist die Fahrt auf der Südrampe aber immer noch. Eines der spektakulärsten Bauwerke ist der 127 Meter lange Luogelkin-Viadukt mit seinen fünf Rundbögen. ▽▽

DIE JUNGFRAUBAHN

3454 METER – TOP OF EUROPE

Eiger, Mönch und Jungfrau: das berühmte Gipfeltrio des Berner Oberlands, Nordwand inklusive. Bei der Fahrt mit der *Wengernalpbahn* zur Kleinen Scheidegg schaut man aus der Froschperspektive in das monumentale Gemäuer, die Station Eigerwand der *Jungfraubahn* erlaubt einen Blick aus der Senkrechten hinab ins grüne Tal von Grindelwald.

Wer hat's erfunden? Natürlich nicht die Firma Ricola, aber Schweizer waren es schon. Und zwar die Berner, denen man eher eine ziemlich ausgeprägte Bedächtigkeit nachsagt. Was in diesem Fall bestimmt nicht zutrifft. In der Aarestadt erkannte man früh die Zeichen der Zeit, sah man ein Zeitalter des Reisens heraufziehen. Goethe, Haller und Rousseau hatten den Boden bereitet, Natur war nun »in«, die Alpen wurden romantisch verklärt. Flugs organisierten die Stadtberner einen Riesenevent unter freiem Himmel, vor der grandiosen Kulisse ihrer Hochalpen. Das Unspunnenfest von 1805 war ein voller Erfolg, die Besucher reisten über den Thunersee an und erfreuten sich an den Hirtenspielen, die drei Jahre später sogar wiederholt wurden. In Paris und London berichteten die großen Gazetten über das Bauernvolk, das im Schatten himmelhoher Berge seinem Tagwerk nachging.

AUFBRUCH IN DIE ZUKUNFT

Das Berner Oberland wurde zum ersten alpinen Reiseziel, was umgehend einen Bauboom auslöste. Bereits 1832 konnte man im Berghotel auf dem Faulhorn übernachten und ein paar Jahre später erschien in London das erste *Handbook for Travellers in Switzerland.* So mancher Weg wurde ausgebaut, dann eroberte die Eisenbahn auch die Berge. Das Reisen wurde einfacher, viel schneller. 1859 erhielt Thun Anschluss ans Schweizer Bahnnetz und bald schon dachte man daran, die beiden Lütschinentäler durch das moderne Verkehrsmittel zu erschließen. 1893 dampfte das erste Züglein über die Kleine Scheidegg, auf durchgehend 19 201 Schienenmetern an der Zahnstange – Weltrekord!

Im selben Jahr wurde auch die Zahnradbahn auf die Schynige Platte (1967 m) eröffnet. Sie wird heute als reine Nostalgiebahn betrieben – Reisen also wie vor hundert Jahren. Eine gelungene Inszenierung mit Rollmaterial aus der Belle Époque, Holzbänke inklusive und Zugbegleiter in historischen Uniformen. Viermal im Sommer dampft es sogar auf der 7,3 Kilometer langen Strecke. Dann darf die Lok H 2/3, Baujahr 1894, zeigen, was sie draufhat.

Bald ging der Blick ganz nach oben, zu den großen Gipfeln. Im grassierenden helvetischen Bergbahnfieber erblühten fantastische Projekte. Die Jungfrau musste es sein, damals der berühmteste Viertausender der Berner Alpen. Maurice Koechlin, als Ingenieur für Gustave Eiffel tätig (und eigentlicher Konstrukteur des

Eiffelturms), plante eine Bahn, die in fünf Sektionen aus dem Lauterbrunnental auf den Gipfel führen sollte. Besonders ausgefallen war die Idee von Eduard Locher, Bahnwagen mittels Druckluft durch zwei gerade Tunnelröhren auf den Berg zu befördern.

DIE JUNGFRAUBAHN – EIN JAHRHUNDERTWERK

Das Rennen machte schließlich das Projekt des Unternehmers Adolf Guyer-Zeller. Seine elektrisch betriebene Zahnradbahn sollte von der Kleinen Scheidegg aus – größtenteils im Berg – zum Jungfraujoch und weiter bis unter den Gipfel der Jungfrau führen. Er bezog die Wengernalpbahn in seine Planung ein, was eine erhebliche Streckenverkürzung bedeutete. Die Arbeiten, 1896 gestartet, schritten allerdings nur mühsam voran, auch die Finanzierung stockte wiederholt. Als Guyer-Zeller 1899 in Zürich starb, stand der Weiterbau kurzzeitig sogar infrage. Die Erben führten das große Werk aber mit Beharrlichkeit weiter und am 21. Februar 1912 kamen die Tunnelbauer auf dem Jungfraujoch an. »Ein grossartiges Werk, ein Triumph moderner Ingenieurskunst erhält seine Weihe«, jubelte die *Neue Zürcher Zeitung.* An einen Weiterbau zum Gipfel dachte da niemand mehr.

Die Bahn wurde etappenweise in Betrieb genommen, zunächst bis zur Station Eigerwand (1903). Als der erste Zug zum Halt Eismeer fuhr, war der Andrang bereits gewaltig. Am Fahrkartenschalter kam es sogar zu Rangeleien, wie die *Berliner Volkszeitung* berichtete: »Der so unerwartet gekommene Anschlag mit der Meldung von der auf Dienstag, 25. Juli, vormittags festgesetzten Eröffnung hatte die ganze Touristenwelt von Mürren, Wengen und Grindelwald in Bewegung gesetzt. Namentlich die Deutschen und Engländer stritten sich förmlich um die ersten Billete, und zwischen einem baumlangen Amerikaner und einem kernigen und mit unverwüstlichem Humor ausgestatteten Sachsen, der behauptete, der Erste auf dem Platz gewesen zu sein, kam es fast zu einem kleinen Faustkampf um das erste Billet nach dem Eismeer.«

Die Jungfraubahn, obwohl ja eigentlich eine Unvollendete, wurde ein großer kommerzieller Erfolg; die Fahrgastzahlen übertrafen alle Prognosen. Bereits im Eröffnungsjahr reisten fast 80 000 Personen auf das Jungfraujoch, mit 3454 Metern die höchste Bahnstation Europas; vor dem Ausbruch der Coronapandemie lagen die Fahrgastzahlen bei einer Million pro anno. Genug? Nein, es wird weiter investiert. Der Bau einer hypermodernen Seilbahn (Eiger-Express) zur Station Eigergletscher wird dem Jungfrau-Tourismus nochmals einen Schub verleihen, hoffen manche in Grindelwald, während andere die scheinbar unaufhaltsame Kommerzialisierung der Natur beklagen. Wohin gehst du, schöne Schweiz?

WENGERNALPBAHN
Während der Fahrt von Wengen über die Wengernalp hinauf zur Kleinen Scheidegg (2061 m) hat man freie Sicht auf die mächtige Nordwand des Mönchs, das Jungfraujoch (Bildmitte), die Jungfrau und – nomen est omen – das Silberhorn. Links die Trasse der Jungfraubahn. Hinter der Station Eigergletscher verschwindet sie in der 7,3 Kilometer langen Tunnelstrecke zum Jungfraujoch.

Schynige Platte
ALPENGARTEN

SCHYNIGE PLATTE

Die Schynige-Platte-Bahn erschließt einen erstklassigen Aussichtspunkt vor den Hochgipfeln der Berner Alpen. Im Sommer gibt es hier auch viele kleine Sehenswürdigkeiten zu bestaunen: Von der Bergstation sind es nämlich nur wenige Schritte zum Alpengarten. Dort erzählen etwa 600 Pflanzenarten von der Vielfalt der Vegetation in den Schweizer Alpen.

Über der Alp Bigelti ragen die Felsen der Schynigen Platte in den Himmel, mit dem Gumihorn (2099 m) als höchstem Punkt. ▽▽

DIE GOTTHARDBAHN

DER KLASSISCHE WEG IN DEN SÜDEN

Die berühmte *Gotthardbahn* ist so etwas wie die Nord-Süd-Achse der Schweiz, eine Strecke von internationaler Bedeutung. Und ein Mythos, ein buchstäblich in Stein gemeißeltes Technikdenkmal. Durch den Berg hieß und heißt die Devise; auf den Gipfel geht's dagegen mit den *Rigi-Bahnen* und am *Monte Generoso*. Die *Centovalli-Bahn* verbindet über die Landesgrenze hinaus die Gotthard- mit der Simplonroute.

Mythen. Sie bevölkern die ganze Welt, sind verankert in der Volksseele und deshalb leicht zu verstehen. Die Schweiz macht da keine Ausnahme, im Gegenteil. Heidi steht für eine zur Idylle verklärte Bergbauernwelt, Tell erzählt uns vom Freiheitswillen der Urschweizer. Und der Gotthard? Noch so ein Mythos, buchstäblich in Stein gemeißelt und weit mehr als nur ein Alpenübergang. In ihm fokussiert sich vieles von dem, was das Wesen der Eidgenossenschaft ausmacht. Das Gotthardmassiv gilt als Wasserschloss der Schweiz, dort entspringen ihre größten Flüsse: Rhein, Reuss und Aare, die Rhone und der Ticino. Doch der Gotthard scheidet nicht nur Wasser; er ist auch eine Kulturgrenze: deutsch im Norden, italienisch im Süden, rätoromanisch im Osten. Und aus dem Oberwalliser Rotten (Rhone) wird im Bas Valais Le Rhône. Ein Symbol für Eintracht in der Vielfalt? Wer in der Schweizer Geschichte rückwärts blättert, stößt auch auf viel Zwist und Zwietracht. Einig zeigten sich die Eidgenossen allerdings bei Bedrohungen von außen, zuletzt während des Zweiten Weltkriegs. Da wurde der Gotthard erneut zum Symbol für die wehrhafte Schweiz, zum Mythos. Das Schicksal ersparte dem Alpenland die Probe aufs Exempel – glücklicherweise.

EISENBAHNGESCHICHTE

Mitte des 19. Jahrhunderts war die Schweiz noch ein Eisenbahn-Entwicklungsland. 1847 existierte gerade mal eine einzige Bahnlinie. Sie war wirtschaftlich wenig erfolgreich, wozu wohl auch der hohe Fahrpreis beitrug: 80 Rappen – was damals dem Tageslohn eines Arbeiters entsprach – für die 23 Kilometer lange Strecke von Zürich nach Baden. Im Volksmund hieß der Zug bald »Spanisch-Brötli-Bahn«, nach einem Badener Gebäck. Erst mit der Verabschiedung eines nationalen Eisenbahngesetzes (1852) kam der Bahnbau in Fahrt. Was allerdings noch fehlte, war eine Nord-Süd-Verbindung durch die Schweiz. Über die Bedeutung einer Alpentraverse (Deutschland–Italien) war man sich einig, über ihren Verlauf dagegen wurde länger gestritten. Splügenpass, Gotthard oder gar Lötschberg?

Liberale Wirtschaftskreise, angeführt von dem omnipräsenten Zürcher Politiker und Unternehmer Alfred Escher, setzten schließlich die Zentralvariante durch, die Gotthardlinie. Den Zuschlag erhielt das Unternehmen von Louis Favre. Sein Projekt sah einen 15 Kilometer langen Scheiteltunnel zwischen Göschenen und Airolo vor. Das teilweise sehr schwierige Terrain auf den Zulaufstrecken erforderte viele Kunstbauten, darunter mehrere

Kehr- und Kreistunnel (Wassen, Leventina). Finanzielle Probleme verzögerten mehrfach den Bau, ein Streik der (überwiegend italienischen) Arbeiter wurde von der Armee blutig niedergeschlagen. Louis Favre starb noch während der Bauzeit. Im Mai 1882, zehn Jahre nach dem Spatenstich, war das große Werk vollendet. 134 Jahre später ging der 56 Kilometer lange neue Eisenbahntunnel in Betrieb. Basis statt Berg heißt es jetzt, das Hindernis Gotthard ist endgültig aus dem Weg geräumt.

Ob der historischen Strecke ein allmählicher Tod als Museumsbahn droht, ist noch unklar. Eine Aufnahme in die Liste des UNESCO-Welterbes lehnte die Schweizer Regierung ab. Der Grund: Man sei nicht bereit, eine Garantie für den weiteren Betrieb der Bergstrecke zu übernehmen ... Die berühmte Doppelschleife von Wassen mit seinem Kirchlein: Eisenbahnhistorie? Die fast übereinander liegenden beiden Spiraltunnel zwischen Lavorgo und Giornico – nur noch Erinnerung?

DIE RIGI-BAHNEN

Gebaut wurde in den 1870er-Jahren nicht nur am Gotthard, sondern auch an der Rigi (1797 m). Der berühmte Innerschweizer Aussichtsberg bekam gleich zwei Zahnradbahnen. 1871 nahm die von Vitznau am Vierwaldstättersee ausgehende Strecke den Betrieb auf, vier Jahre später die Arth-Rigi-Bahn. Drei Tage nach ihrer Jungfernfahrt öffnete auf Rigi Kulm das Grandhotel Schreiber seine Pforten, ein – so die Werbung – »architektonischer Prachtbau mit 300 Betten, planirt und ausgeführt von Herrn Ed. Davinet. Geräumige, elegante Säle, Restaurant«. Mit den Rigibahnen kam der Massentourismus oben am Berg an. Eine echte Goldgräberstimmung machte sich breit, es wurde gebaut, investiert. Zu Beginn des Ersten Weltkriegs aber folgte das abrupte Aus, die viel zu großen Hotelkästen wurden später allesamt abgerissen. Maßgeblichen Anteil an dieser Radikalkur hatte der Schweizer Heimatbund, traditionell konservativ, dem die Rückkehr zu einer heilen Heidi-Schweiz vorschwebte. Auch die Höhenbahn von Rigi Kaltbad zur Scheidegg wurde stillgelegt; heute sind auf der Trasse Wanderer und Radler unterwegs.

Die Hügellandschaft zwischen dem Lago Maggiore und dem Mendrisiotto war einst ein echtes Eisenbahnland. Gleich mehrere Linien verbanden Städte und Uferorte, etwa Luino mit Ponte Tresa (wo man Anschluss nach Lugano hatte) oder Varese mit Porto Ceresio und Ponte Tresa. Geblieben ist davon nur wenig; die Standseilbahn auf den Hausberg von Varese, den Monte Campo dei Fiori (1226 m), wurde immerhin vor ein paar Jahren teilweise reaktiviert.

Eine grenzüberschreitende Linie existiert noch, die Centovalli-Bahn. Ihr Name ist Programm: hundert Täler. Gräben würde die Topografie des Melezza-Tals zwischen Intragna und Camedo allerdings besser charakterisieren. Hinter der Landesgrenze wird aus dem Graben dann tatsächlich ein Tal, und bei der Fahrt hinab nach Domodossola genießt der Reisende freie Sicht auf die Walliser Alpen. Was für ein Kontrast!

Der bahntechnisch interessanteste Abschnitt der Strecke liegt zwischen Cavigliano und der Grenze zu Italien, wo der Zug insgesamt zwanzig Tunnel durchfährt, dazu fünf längere Brücken passiert. Das schönste Bauwerk: die 132 Meter lange Eisenbrücke bei Intragna.

DIE »RIGI DES TESSINS«

Das Pendant zur Innerschweizer Rigi liegt im Tessin, also auch am Alpenrand, allerdings am südlichen: der Monte Generoso (1701 m). Er ist fast gleich hoch, bietet eine vergleichbar große Aussicht – und ebenfalls eine Bergbahn. Im Gegensatz zu den Rigi-Bahnen schrieb sie fast immer rote Zahlen und machte mehrfach Konkurs. Dass sie heute noch fährt, haben die Tessiner Gottlieb Duttweiler zu verdanken, dem legendären Gründer des Migros-Konzerns, der die »Ferrovia Monte Generoso« kaufte, nachdem er 1941 erfahren hatte, dass sie abgebrochen werden sollte. 1954 wurde die rund neun Kilometer lange, bis zu 22 Prozent steile Zahnradbahn auf Dieselbetrieb umgestellt, 1982 die Strecke schließlich elektrifiziert. Seit 2017 thront neben der Bergstation die Fiore di Pietra, ein oktogonaler Glas-Beton-Bau. Mario Botta, Architekt von Weltruf, ließ sich bei seiner »Steinblume« wohl von der ungewöhnlich reichen Flora des Bergstocks inspirieren.

Ein heißer Tipp: Wer's gerne ganz nostalgisch mag, bucht eine Sommerfahrt im offenen Wagen, vorneweg die Dampflok von 1890. Ein Erlebnis für echte Eisenbähnler!

GOTTHARDBAHN
Zwischen zwei Tunnel überspannt die obere Meienreussbrücke den Wildbach. Oben im Bild die Sustenstraße.

» So immer steigend, kommt Ihr auf die Höhen
Des Gotthards, wo die Ew'gen Seen sind,
Die von des Himmels Strömen selbst sich füllen.
Dort nehmt Ihr Abschied von der deutschen Erde,
Und muntren Laufs führt Euch ein andrer Strom
Ins Land Italien hinab, Euch das gelobte.

Aus: »Wilhelm Tell«
von Friedrich Schiller (1759–1805)

GOTTHARDBAHN

Die Chärstelenbachbrücke ist mit 127 Metern das längste Brückenbauwerk an der Nordrampe der Gotthardlinie. Sie überquert das Maderanertal an seiner Mündung bei Amsteg. Ihre Konstruktion geht im Kern noch auf die 1870er-Jahre zurück, sie wurde aber später mehrfach umgestaltet. So bekam die eiserne Fachwerkbrücke bei der Elektrifizierung Fischbauchträger als Verstärkung. 1972 wurde sie schließlich durch eine Eisenbeton-Konstruktion ersetzt. ▷

Krokodile gibt's nicht nur in den Schweizer Zoos zu bestaunen, sondern gelegentlich auch auf der Gotthardstrecke. Sie sind allerdings aus Eisen, deutlich größer als ein *Crocodylia* – und noch kräftiger. Sagenhafte 3650 PS bringt die Ce 6/8 II 14 253, Baujahr 1919, auf die Schiene. Als Zugmaschine für die historischen Salonwagen der SBB ist sie heute noch auf der Gotthardlinie unterwegs – zu Sonderfahrten ab Erstfeld. Im Bild die Intschi-Reussbrücke, mit 77 Metern die höchste zwischen Vierwaldstättersee und Chiasso. ▽

Beim Pfaffensprung gewinnt die Gotthardbahn in einem fast eineinhalb Kilometer langen Spiraltunnel an Höhe, bevor sie über zwei weitere Kehrtunnel bei Wassen (915 m) das Nordportal des Gotthardtunnels ansteuert. Dabei zeigt sich das Kirchlein von Wassen dreimal aus jeweils ganz unterschiedlichen Perspektiven – eine berühmte Ansicht. ▽▽

GOTTHARDBAHN

Göschenen erlebte schon bessere Zeiten, denn seit der Eröffnung des Gotthard-Basistunnels verkehren keine Fernzüge mehr auf der alten Transitstrecke. Mittlerweile wurde ein Teil der Bahnhofsgleise zurückgebaut. Längerfristig könnte der Regelverkehr sogar ganz eingestellt und aus dem »Jahrhundertwerk« eine Nostalgiebahn werden. Die Gotthardbahn des Louis Favre – ein Opfer des technischen Fortschritts? △

Die Kirche von Wassen, dreifacher Blickfang bei der Bahnfahrt hinauf nach Göschenen: vor, zwischen und nach den beiden Kehrtunnels von Wattingen und Leggistein. ▷

GOTTHARDBAHN
Straße und Bahn überwinden die markante Talstufe (Piottino) beim Dazio Grande, dem Großen Zollhaus, mit aufwendigen Kunstbauten: die Straße in engen Kehren, die Gotthardlinie mittels des anderthalb Kilometer langen Freggio-Spiraltunnels.

Eineinhalb Jahrhunderte Verkehrsgeschichte an der Biaschina-Schlucht in einem Bild: 1830 wurde die Straße durch die Leventina fertiggestellt, 1882 die Gotthardbahn eröffnet und 1986 die letzte Lücke der A2 geschlossen. Das erste Postauto fuhr 1922 über den Pass, und heute nutzen mehr als sechs Millionen Fahrzeuge jährlich den Gotthard-Straßentunnel. ▽▽

GOTTHARDBAHN

In Giornico endet die Bergstrecke der Gotthardbahn, im Nachbardorf Bodio liegt das Südportal des Gotthard-Basistunnels. Fernzüge sind nur 17 Minuten in dem 57 Kilometer langen Tunnel unterwegs, auf der alten Strecke dauert die Fahrt von Altdorf nach Biasca eineinhalb Stunden. In Giornico hält kein Zug mehr. Schade, denn das Dörfchen wäre einen Besuch wert. Die Kirche San Nicolao (links im Bild) stammt aus dem 12. Jahrhundert und gilt als schönstes Beispiel lombardischer Romanik im Tessin. △
Gotthardbahn und die Autobahn A2 kreuzen sich in der Leventina gleich mehrere Male, am und im Berg. Hier am Ausgang der Piottino-Schlucht oberhalb von Faido. ▷

RIGIBAHNEN

Rot oder blau? Die beiden Rigi-Zahnradbahnen, ausgehend von Arth-Goldau (blau) bzw. Vitznau (rot), peilen auf getrennten Gleisen die Bergstation Rigi Kulm knapp unter dem Rigigipfel (1797 m) an. Fußgänger nehmen den bequem ausgebauten Kulmweg. Links am Horizont das Stanserhorn, in der Bildmitte der Pilatus, beide ebenfalls mit Gipfelbahnen zu erreichen. Rechts im Bild der Vierwaldstättersee mit der Bucht von Luzern.

CENTOVALLIBAHN

Der Ruinacci-Viadukt ist eine der schönsten Brückenbauten der Centovallibahn. Die 58 Meter lange Eisenkonstruktion überspannt in luftiger Höhe einen Graben über dem Stausee von Palagnedra. Wenig weiter fährt der Zug in den Grenzbahnhof von Camedo ein. ▽▽

CENTOVALLIBAHN
Eine weitere elegante Eisenkonstruktion ist der Viadukt bei Intragna, der in einem weiten Bogen den Graben des Isorno quert.

CENTOVALLIBAHN

Mauerwerk: Im Bereich des Grabens von Ingustria kreuzen sich Straße und Eisenbahn gleich doppelt. Der Bahnviadukt weist fünf gemauerte Pfeilerbogen auf.

Hundert Gräben sind es zwar nicht, aus denen sich die Centovalli zusammensetzen, sehr viele aber allemal, und alle tief und schroff. Wegebauer hatten es bei diesem Landschaftsprofil immer schwer, und trotzdem brachten die Bauern ihre Ware aus den hundert Tälern bereits im Mittelalter auf den Markt in Locarno. Heute geht das leichter, dank Eisenbahn und Straße. Links im Bild der Bahnhof von Palagnedra, rechts oben das Dörfchen Verdasio. ▽▽

MONTE-GENEROSO-BAHN
Kein Panoramawetter heute am Monte Generoso. Feuchte Mittelmeerluft hüllt den Bergstock in Wolken, bald wird es regnen.

CENTOVALLIBAHN
Ponte Brolla – ein Wort mit magischem Klang. Die von der Maggia geschaffene Klamm bezaubert gleichermaßen durch ihre bizarren Felsformationen wie durch das kristallklare türkisfarbene Wasser. Hier trifft man Sonnenanbeter und Kletterer, sogar Klippenspringer. Die Centovalli-Bahn quert die Schlucht in ihrem untersten Abschnitt. ▷

DIE GORNERGRATBAHN

EINE BERGBAHN, 33 VIERTAUSENDER UND VIELE AUSFLÜGLER

Auch Zermatts schönster Aussichtsbalkon hat seine Eisenbahn: der *Gornergrat.* Mit ihr kommen auch Gehfaule bequem in den Genuss des einmaligen Viertausender-Panoramas. Eher eine Kuriosität: die *Riffelalptram,* immerhin 675 Meter lang …

Er ist der schönste Berg, in den Alpen sowieso, vielleicht sogar weltweit. Vier Grate, vier Wände, darüber der Gipfel, leicht abgeknickt. Das Matterhorn, einmalig, steinerne Herausforderung für Alpinisten – und prima Geschäft für die Zermatter Bergführer. Schlagartig berühmt wurde es 1865 durch den tragischen Verlauf der (erfolgreichen) Erstbesteigung durch Edward Whymper mit sechs Begleitern, von denen vier beim Abstieg verunglückten. Alexander Seilers Hotelimperium blühte auf, alle Welt wollte den »Berg der Berge« sehen, der in Zermatt fast in jede Stube hineinschaut.

Viel Prominenz reiste jeweils im Sommer an, auch der große Humorist Mark Twain unternahm bei seiner Europareise (1879) einen Abstecher ins Wallis. Er hinterließ seinen US-amerikanischen Lesern das hinreißende Protokoll der Erstbesteigung des Riffelbergs, einer Großexpedition mit 154 Personen und 51 Tieren. Die Ausrüstung umfasste nicht nur 2000 Zigarren und 143 Paar Krücken, sondern auch zwei Moskitonetze, 97 Eispickel und fünf Kisten Dynamit sowie zwei Meilen Hanfseil. Ganz nebenbei: Die Expedition war erfolgreich, der Riffelberg (2583 m) endlich bezwungen! Wirklich?

DIE SCHÖNSTE WALLISER AUSSICHTSWARTE

Zwei Jahrzehnte später ließ sich der Riffelberg dann entschieden leichter, sozusagen im Sitzen »ersteigen«, mit der neu eröffneten Gornergratbahn. Die führt von Zermatt mitten in die hochalpine Bergherrlichkeit der Walliser Viertausender und endet knapp jenseits der Dreitausendergrenze. Die Zahnradbahn war von Anfang an elektrifiziert, als erste ihrer Art in der Schweiz. Sie verfügte sogar über ein System der Energierückspeisung, bei dem während der Talfahrt Strom zurück ins Netz floss – eine technische Pionierleistung!

Projektiert wurde sie von dem aus der Innerschweiz stammenden Ingenieur und Topografen Xaver Imfeld. Das Unterfangen war zunächst umstritten, fürchteten Bergführer und Träger aus dem Mattertal doch die Konkurrenz des modernen Transportmittels. Gebaut wurde trotzdem, und nach nur drei Sommern konnte die zehn Kilometer lange Bergstrecke 1898 in Betrieb genommen werden. Bereits zehn Jahre später wurde sie gipfelwärts um 300 Meter verlängert, ab 1928 – nach dem Bau einer Lawinengalerie am Riffelbord – verkehrte sie auch im Winter.

DER GLETSCHER SCHMILZT

Die Aussicht ist überwältigend, eine große Viertausender-Parade, angeführt vom Monte Rosa, vom Weisshorn und – natürlich – vom Matterhorn. Der Blick ins weite Rund verrät aber auch weniger Erfreuliches: die immer weiter um sich greifende touristische Erschließung und den eklatanten Schwund des Gletschereises. Seit dem Besuch Mark Twains hat der Gornergletscher etwa ein Drittel seiner Fläche eingebüßt. Mittlerweile ist die Verbindung zwischen dem Eisstrom und seinen Zuflüssen abgebrochen. Sterbende Riesen …

Am Gornergrat gibt's noch eine zweite Bahnlinie. Das Riffelalptram ist zwar nur 675 Meter lang und schmalspurig, schmückt sich aber mit dem Attribut »Europas höchstgelegene Trambahnlinie«, so die Eigenwerbung. Sie wurde 1899 als Zufahrt von der Station Riffelalp zum Grand Hôtel Riffelalp errichtet. Man konnte der Klientel schließlich den Fußmarsch zur Nobelherberge nicht zumuten … 1961 brannte das Haus bis auf die Grundmauern ab. Nach dem Wiederaufbau wurde auch die Trambahn reaktiviert.

» In jeder Nacht, verstehst du,
sehe ich meine Kameraden vom Matterhorn,
rutschen auf ihrem Rücken,
ihre Arme ausgestreckt,
in makelloser Reihenfolge bei gleichen Abständen.
Croz der Führer zuerst, dann Hadow,
dann Hudson und zuletzt Douglas.
Ja, ich werde sie immer sehen …

Edward Whymper (1840–1911)
zur Erstbesteigung des Matterhorns, die so tragisch endete

GORNERGRATBAHN

Das Matterhorn ist absoluter Blickfang im großen Viertausender-Panorama vom Gornergrat. Nur 32 Jahre nach der tragischen Erstbesteigung fuhr zum ersten Mal eine (elektrische!) Bahn von Zermatt hinauf zu dem Aussichtspunkt. Damals bildete der Gornergletscher mit seinen südseitigen Zuflüssen noch eine einzige gewaltige Eismasse. Allzu viel ist davon nicht geblieben: Bis auf den Grenzgletscher haben alle Eiszubringer den Kontakt mit dem Gornergletscher verloren, auch der Untere Theodulgletscher (links im Bild).

Ab Riffelalp ist die Gornergratbahn teilweise doppelspurig, vom Riffelberg bis zur Bergstation sogar durchgehend. Das ermöglicht einen eng getakteten Fahrplan – alle 24 Minuten geht's in Zermatt los auf den an die Schiene gebundenen Berg. Rechts oben im Bild das doppeltürmige Gornergrat-Observatorium. ▽▽

GGB
3044

DER GLACIER EXPRESS

TRAUMREISE ENTLANG DER SCHWEIZER ALPEN

Nicht über, sondern durch die Alpen: vom Wallis bis ins Bündner Engadin. Die Fahrt mit dem *Glacier Express* ist ein absolutes Highlight und bietet schönste Bergbilder. Einmalig ist die Rheinschlucht, ein Meisterwerk schweizerischer Ingenieurskunst die *Albulastrecke*, ebenso die *Davoser Linie.* Nostalgiker zuckeln im Sommer mit der historischen *Furkabahn* über den Pass. In Andermatt kann man in die *Schöllenenbahn* zur Gotthardlinie umsteigen.

Als am 25. Juni 1930 der erste Glacier Express in Zermatt zu seiner elfstündigen Reise nach St. Moritz startete, wurde das trotz der grassierenden Weltwirtschaftskrise als ein Zeichen des Aufbruchs verstanden. Die Eisenbahn als Symbol des Fortschritts in eine bessere Zukunft – wieder einmal. Wer heute, fast ein Jahrhundert später, zurückschaut, nach den Wurzeln des »Glacier« sucht, stößt auf einen Mann mit Weitblick: Alexander Seiler I. Er gilt als Begründer der Zermatter Hotellerie, erwarb im Ort mehrere Herbergen und baute schließlich auf dem Riffelberg ein Grand Hôtel mit 150 Betten, in dem übrigens auch Mark Twain abstieg. Um die Mitte des 19. Jahrhunderts kaufte Seiler ganz hinten im Goms Grund und Boden rund um Gletsch. Hier öffnete das Hotel Glacier du Rhône seine Pforten und bald entwickelte sich ein profitabler Gletschertourismus. Die polyglotten Gäste des vornehmen Hauses delektierten sich an dem gewaltigen Eisstrom, dessen Zunge damals bis in den flachen Talboden herabreichte – ein Naturwunder.

ALTE FURKABAHN UND NEUER FURKA-BASISTUNNEL

Zwei Generationen später wurde der »Glacier« als Express aus der Taufe gehoben, der Eiskatarakt zur namensgebenden Sensation an der 291 Kilometer langen Strecke. Bis 1982, zur Eröffnung des Furka-Basistunnels. Nun ging's zwischen Oberwald und Realp durch den Berg. Vorbei die »gute alte Zeit«, als die Züge an der Zahnstange zum höchsten Punkt im alten Scheiteltunnel unter dem Pass hinaufkletterten (2163 m), mit freier Sicht auf das zerklüftete Eis. Die Bergstrecke wurde stillgelegt, man munkelte bereits vom Ende des Glacier Express'. Der hatte zwar seinen Gletscher(-blick) verloren, konnte aber trotzdem stetig steigende Fahrgastzahlen verzeichnen, aktuell sind es etwa 250 000 Personen pro Jahr.

Und die historische Bahn? Ein privater Verein nahm sich der verwaisten Linie an. Der 18 Kilometer lange Abschnitt wurde reaktiviert, Dampfloks und weiteres Rollmaterial wurden erworben. In einer spektakulären Aktion konnten zwei Lokomotiven vom Typ HG 4/4, die 1923 in der Schweiz für den Einsatz in Französisch-Indochina gebaut worden waren, aus Vietnam zurückgeholt und wieder betriebstüchtig gemacht werden. Sie dampfen jeweils von Mitte Juni bis Ende September über den Pass, zur Freude unzähliger Eisenbahn-Nostalgiker aus aller Welt.

Enthusiasmus, persönlicher Einsatz und viel Geduld machten das Comeback der alten Furkastrecke möglich. Gegen den Klimawandel waren die Eisenbahn-Nostalgiker allerdings machtlos. Seit 150 Jahren schmilzt das Eis in den Alpen. Der einst so mächtige Glacier du Rhône ist da keine Ausnahme; mittlerweile hat sich seine Zunge bis hinter die markante Geländeschwelle auf der Höhe des Hotels Belvédère (noch ein Seiler-Bau) zurückgezogen.

Dass der Glacier Express ohne Gegenstück in den Alpen ist, verdeutlicht ein Blick auf die Landkarte. Im Gegensatz zu allen anderen großen Bergbahnen verläuft er weder über noch durch die Alpen, sondern parallel zu ihrem Hauptkamm. Mit sehr viel Auf und Ab allerdings. Vertikal reicht das Streckenprofil von den Talfluren der Rhone und des Rheins bis in alpine Regionen. Den höchsten Punkt der Strecke markiert der Oberalppass mit 2044 Metern. Entsprechend kontrastreich sind die Landschaftseindrücke, Highlights reihen sich aneinander wie Perlen auf der berühmten Schnur. Die ist in unserem Fall aus Eisen: Schienen, im Abstand von genau einem Meter verlegt und immer mal wieder – wenn's richtig steil wird – mit einer Zahnstange dazwischen.

Erstmals eingesetzt wird diese Brems- bzw. Steighilfe im Mattertal, dann bei Grengiols. Anschließend geht's flacher hinein ins Goms, in den obersten Abschnitt des Rhonetals. Bei Oberwald verschluckt der Berg den Express. Zwanzig Minuten später fährt er in Realp ein, ins Hochtal der Reuss: kahle Bergflanken, hohe Grate. In Andermatt kreuzen sich Glacier Express und Gotthardstraße. Die knapp vier Kilometer lange Schöllenenbahn verbindet das ehemalige Armeedorf mit dem Nordportal des Gotthardtunnels. Auf der kurzen Fahrt durch die wilde Granitschlucht kommt man auf der Teufelsbrücke der stiebenden Reuss ganz nahe – fantastisch!

EIN ERBE DER EISZEIT

Für den Glacier Express heißt es in Andermatt erneut: hinauf. In ein paar weiten Schleifen windet sich der Schienenstrang an der kahlen Bergflanke des Nätschen bergan, dann steuert er – nur noch sanft steigend – die Wasserscheide zum Bündner Oberland an, den Oberalppass (2044 m). Mit dem Vorderrhein geht's anschließend über das Klosterdorf Disentis talabwärts. Hinter Ilanz wartet die nächste Sensation: die Rheinschlucht. Die »Rhätische« folgt dem Lauf des Vorderrheins, während sich die Straße Richtung Flims verabschiedet. So bleiben Bahnfahrer, Wanderer und Radler unter sich – was der Natur nicht schadet, dem Erlebnis auch nicht. Ruinaulta heißt die rund 15 Kilometer lange Schlucht bei den Einheimischen, was so viel bedeutet wie »Hohe Trümmer«. Um Trümmer handelt es sich hier wirklich: um die ungeheure Masse von rund 12 000 Millionen Kubikmeter Gestein (!) eines nacheiszeitlichen Felssturzes, der am Flimserstein abging. Er riegelte das Tal ab und staute den Fluss zu einem riesigen See. Der Vorderrhein grub sich in der Folge immer tiefer in die »Trümmer« und schuf so eine faszinierende Felskulisse.

Bei Bonaduz öffnet sich von Süden die breite Talflur des Domleschgs, bekannt als das Burgenparadies Graubündens. An seinem oberen Ende liegt Thusis, überragt von der Ruine Hohenrätien. Hier biegt der Glacier Express in die wilde Schinschlucht ein. Tunnel wechseln mit Brücken, in der Tiefe stiebt die Albula. Ein paar Kilometer hinter Tiefencastel beginnt dann der bahntechnisch interessanteste Streckenabschnitt. Den Auftakt macht die Brücke über den Schmittner Tobel, dann folgt der 136 Meter lange Viadukt, der sich mit fünf Rundbögen in einer eleganten Rechtskurve über die Landwasserschlucht schwingt. Hier verschmelzen Natur und Menschenwerk zu einem Idealbild. Kein Wunder, dass dieses Bauwerk 2008 als Teil des UNESCO-Weltkulturerbes Rhätische Bahn geadelt wurde.

DIE DAVOSER LINIE

In Filisur mündet die Davoser Linie der Rhätischen Bahn: noch mehr Brücken, 14 Tunnel und in der Zügenschlucht eine wildromantische Kulisse. Auffälligstes Bauwerk ist der 210 Meter lange Wiesener Viadukt, der das Landwasser in einer Höhe von 89 Metern überquert. Es inspirierte Ernst Ludwig Kirchner zu dem Gemälde *Die Brücke bei Wiesen* (1926). Heute haben Besucher keine Staffelei, sondern ein ungleich handlicheres Smartphone dabei. Da wandert das spektakuläre Motiv dann in einem Sekundenbruchteil auf den Chip – und von dort dann vielleicht in die weite Welt.

Die Davoser Linie nahm 1909 ihren Regelbetrieb auf. Damals hatte der Luftkurort bereits Bahnanschluss, von Landquart im Rheintal via Klosters. Initiant dieser ersten »rhätischen« Bahn war Willem Jan Holsboer, ein Holländer, der in Davos Heilung für seine lungenkranke Gattin suchte. 1890 dampfte der erste Zug durchs Prättigau nach Davos; fünf Jahre später wurde die LD (Landquart-Davos-Bahn) in Rhätische Bahn umbenannt und zur Staatsbahn.

GRANDIOSE ALBULABAHN

In Bergün beginnt der spektakulärste Abschnitt des Glacier Express'. Auch der *Baedeker* von 1920 zeigt sich beeindruckt; er beschreibt den Anstieg nach Preda und zum Westeingang des fast sechs Kilometer langen Albulatunnels sehr detailliert.

»Von Bergün bis Preda beträgt die direkte Entfernung 6 km, der Höhenunterschied 416 m, zu dessen Überwindung eine Bahnlänge von 12,5 km herzustellen war (stärkste Steigung 35 Promille). Zunächst in einer großen Doppelschleife aufwärts, mit Tunnel von 486 m und 262 m Länge; dann auf 40 m hohem Viadukt über den Tischbach. Weiter an der Bergwand entlang hoch über der Albulastraße hin, mit Aussicht auf Piz Uertsch, Piz Rugnux, Piz Val Lunga, Piz Saltaras, rückwärts auf Bergün und Latsch; durch zwei kurze Tunnel zur Ausweichstelle Muot (1580 m). Durch einen Tunnel, über die Albula und in dem 662 m l. Rugnux-Kehrtunnel bergan. Durch Felseinschnitte und auf zweibogigem Viadukt wieder zum r. Ufer des Flusses. In großer Schleife mit zwei übereinanderliegenden Kehrtunnels von 677m und 535m Länge überschreitet die Bahn zweimal die Albula. Preda (1792 m), in schönem, von zum Teil schneebedeckten Bergen umgebenem Tal an der Albulastraße.«

Und dann fährt man ein ins »Dach Europas« (eine frühe Oberengadin-Werbung), in das weite Hochtal des Inns mit seinen lichten Lärchenwäldern, den hohen Gipfeln und – noch ein Landschaftswunder! – den Seen, ehemaligen Toteismulden des Inngletschers, die sich vom Stazer Wald bis zur Wasserscheide des Malojapasses aneinanderreihen. In St. Moritz endet die längste und schönste Bahnfahrt der Alpen. Wer mag (und wer würde nicht mögen?) kann die Reise am nächsten Tag fortsetzen, mit dem Bernina Express über den gleichnamigen Pass ins italienische Veltlin, vielleicht mit einem Abstecher hinauf zum Muottas Muragl. Da bietet sich dann die schönste Aussicht über das Oberengadin.

» Die beste Bildung findet ein gescheiter Mensch auf Reisen.

Johann Wolfgang von Goethe (1749–1832)

GLACIER EXPRESS

Die Traumreise durch die Schweizer Alpen startet als Talfahrt. Von Zermatt geht's im Mattertal hinaus und hinab nach Visp bzw. Brig im Rhonetal. Der Abschnitt zwischen Zermatt und Täsch ist zu einem großen Teil durch Galerien vor Lawinen und Steinschlag geschützt. Im Bild zu sehen ist die 637 Meter lange Täschwang-Galerie.

Wilde, ungezähmte Bergnatur. Tief in der Klamm – bei den Einheimischen Schlangengruebe genannt – tost und stiebt die Mattervispa. Der Zug hält Abstand zum Schluchtgrund. ▽▽

GLACIER EXPRESS
Zwischen Stalden und Kalpetran überspannt der Mühlebachviadukt den namensgebenden Graben. Die Spannbeton-Bogenbrücke wurde 1959 eingeweiht; sie ersetzt die alte Eisenkonstruktion.

GLACIER EXPRESS
In Stalden, knapp zehn Kilometer südlich von Visp, gabelt sich das Tal. Wer nach Saas-Fee möchte, muss hier ins Postauto umsteigen. Die 1891 fertiggestellte Schmalspurbahn führt via Sankt Niklaus weiter nach Zermatt. Bei Randa kommt der riesige Geröllkegel des Grossgufer ins Blickfeld. 48 Millonen Kubikmeter Fels lösten sich im Frühling 1991 am Längenflueberg und donnerten zu Tal. Menschen kamen dabei nicht zu Schaden – ein Wunder!

GLACIER EXPRESS

In einem Kehrtunnel und an der Zahnstange überwindet der Regionalzug bei Grengiols die markante Talstufe zum Goms, dem obersten Abschnitt des Rhonetals.

ALTE FURKA-BERGSTRECKE

Reisen wie anno dazumal. Seit 2010 wird die alte Furka-Scheitelstrecke wieder durchgehend befahren, von Realp bis Oberwald, natürlich mit historischem Rollmaterial. Da ist alles echt, sogar die Uniform des Lokführers. – Gleich fährt der Zug in den Gletsch-Kehrtunnel ein. Oben im Bild die Serpentinen der Grimsel-Passstraße. ▽▽

FURKA BERGSTRECKE
FURKA BERGSTRECKE

ALTE FURKA-BERGSTRECKE

Herbstfarben am Furkapass. In der Bildmitte der Steinstafel-Viadukt, oben die Scheitelhöhe der Furka. Der Passname geht übrigens auf das lateinische Wort furca zurück, was so viel wie Gabel bedeutet und sich auch im Italienischen findet (forcella).

GLACIER EXPRESS

Ein Regionalzug der Matterhorn-Gotthard-Bahn unterwegs im Urseren, zwischen Hospental und Realp. Den herbstbraunen Bergrücken überragt der Rossmettlengrat mit dem Spitzberg (2933 m). ▽▽

SCHÖLLENENBAHN

Einst ein veritables Hindernis am Gotthardweg: die Schöllenenschlucht. Unten im Bild der alte Saumpfad mit der Häderlisbrücke aus dem 17. Jahrhundert (1987 durch Hochwasser zerstört, anschließend originalgetreu wiederaufgebaut); oben in einer Galerie die Schöllenenbahn.

SCHÖLLENENBAHN
In Göschenen ist der Zug abgefahren – fast. Der Ort am Gotthard hat seine einstige Verkehrsbedeutung weitgehend verloren.

GLACIER EXPRESS
Von Andermatt steigt die Oberalpbahn in einigen Schleifen hinauf zum gleichnamigen Pass, dem Übergang vom Urseren- ins Vorderrheintal. ▽▽

GLACIER EXPRESS
In eleganten, dem Gelände angepassten Schleifen schraubt sich die Bahntrasse von Andermatt hinauf zur lang gestreckten Talmulde der Oberalp. Über dem Grün spitzeln drei Gipfelzacken ins Bild, einer mit dem schönen Namen Unghürstöckli.

Herbst am Oberalppass. Der Winter ist nicht mehr fern, auf den Gipfeln liegt bereits der erste Schnee. ▽▽

GLACIER EXPRESS
Während die Passstraße in den Wintermonaten nicht geräumt wird, verkehren die Züge das ganze Jahr hindurch. Eine lange Lawinengalerie sichert die Bahntrasse im Bereich des Oberalpsees. Der friert im Winter zu und versteckt sich unter einer dicken Schneedecke.

Tunnel und Galerien schützen die Trasse der Furka-Oberalp-Bahn auch im Bereich des Calmut vor Lawinen. Dadurch wird ein Ganzjahresbetrieb möglich, dank des Furka-Basistunnels vom Wallis bis in die Surselva und weiter bis Chur. ▽▽

GLACIER EXPRESS

Eines der großen Landschaftswunder Graubündens: die Rheinschlucht. Am schönsten erleben lässt sich der »Bündner Grand Canyon« zu Fuß – oder mit der Rhätischen Bahn. Sie folgt dem Lauf des Vorderrheins von Castrisch bis nach Bonaduz über eine Distanz von rund 25 Kilometern.

GLACIER EXPRESS

Verkehrsknotenpunkt Tiefencastel: Hier kreuzen sich die Straße von Chur via Lenzerheide zum Julierpass und die Albulabahn. △
Zwischen Solis und Alvaschein queren Straße und Albulabahn die tiefe, felsige Schinschlucht. Der Bau des schönen gemauerten Viadukts von 1903 kostete damals 125 000 Franken. ▷

Das beliebteste Fotomotiv der Rhätischen: der Landwasser-Viadukt an der Albulastrecke, der sich mit seinen sechs Rundbögen in einer eleganten Kurve 65 Meter über den Graben des Gebirgsflusses schwingt. Sein Bau im Jahr 1903 kostete 280 000 Franken. Nach einem Jahrhundert wurde die Brücke bei laufendem Betrieb saniert, u. a. durch Injektionen ins Mauerwerk. Kosten: 4,6 Millionen Franken ... ▽▽

DAVOSER BAHN

Spektakulärstes Bauwerk der Bahnlinie Davos–Filisur ist der Wiesener Viadukt, der höchste der Rhätischen Bahn (88,9 m). Ernst Ludwig Kirchner, der in Davos lebte, ließ sich davon zu seinem Bild »Die Brücke bei Wiesen« (1926) inspirieren. Ein Detail für Insider: Am linken Rand des Gemäldes entdeckt man neben dem Gleis eine Hipp'sche Wendescheibe. Das Eisenbahnsignal wurde 1860 von dem Wahlschweizer Matthias Hipp erfunden. Es steht – funktionslos – noch heute an der Brücke.

GLACIER EXPRESS/ALBULABAHN

Kurvensalat: Mit vier Kehr- und Spiraltunnels (Rugnux, Toua, Maliera, Zuondra) überwindet die Rhätische Bahn den Höhenunterschied zwischen Bergün und Preda: 417 Meter auf 12,5 Kilometern. Dabei passiert sie auch noch vier Viadukte. ▽

Albulaviadukt III und IV, dazwischen die Maliera-Galerie. Blick zum Piz Ela (3339 m) und Piz Rugnux. ▽▽

VOM GLETSCHEREIS DER BERNINA ZU DEN WEINBERGEN DES VELTLINS

Als einziges der Graubündner Südtäler ist das Puschlav durch eine Bahnlinie mit dem Rest des größten Schweizer Kantons verbunden. Der *Bernina Express* führt aus dem Oberengadin hinab ins Veltlin, wo er Anschluss ans italienische Eisenbahnnetz findet. Die *Engadiner Linie,* ebenfalls in St. Moritz startend, endet vor der Landesgrenze in Scuol; über den *Vereinatunnel* ist sie mit der Davoser Linie verbunden.

Die Werbung bringt's. Das dachte man wohl in Chur, wo die Rhätische Bahn (RhB) ihren Sitz hat, und machte aus der Berninabahn 1973 flugs einen Bernina Express. Viel schneller waren die roten Züge deshalb nicht unterwegs, was aber überhaupt nicht stört, gibt es auf der rund 60 Kilometer langen Strecke (Fahrzeit zweieinhalb Stunden) doch Sensationelles zu sehen. Die höchste Adhäsionsbahn der Alpen steigt von St. Moritz erst an zum Berninapass (2253 m) und senkt sich dann in weiten Schleifen mit einem Gefälle von maximal sieben Prozent ins Puschlav (Val Poschiavo).

Erbaut wurde die Berninabahn Anfang des 20. Jahrhunderts von einer privaten Gesellschaft. Ziel war es, St. Moritz mit Tirano und dem italienischen Zugnetz zu verbinden. Nach Teileröffnungen ging die gesamte Strecke 1910 in Betrieb. Den Kapitalgebern brachte sie außer Verlusten nicht viel ein. Mitten im Zweiten Weltkrieg wurde die Linie von der Rhätischen Bahn übernommen. Das sollte sich lohnen, allerdings erst längerfristig. Bahnfahren wurde zunehmend populär als Reiseerlebnis der etwas anderen Art, um ganz stressfrei das Panorama der Graubündner Berglandschaft an sich vorbeiziehen zu lassen.

DEM EIS GANZ NAH

Ein erstes Highlight bietet die Montebello-Kehre hinter Pontresina mit freier Sicht auf das Berninamassiv und den Morteratschgletscher. Dem hat der Klimawandel allerdings schwer zugesetzt, in den letzten hundert Jahren büßte er zwei Kilometer an Länge ein. Trotzdem ist der Vadret da Morteratsch mit einem Eisvolumen von mehr als einem Kubikkilometer immer noch der massereichste Gletscher der Ostalpen.

Ein paar Kilometer weiter bergwärts bietet die Diavolezza-Seilbahn eine bequeme Möglichkeit, der Eiswelt der Bernina noch etwas näher zu kommen. Vom Namen des Aussichtspunkts – Diavolezza heißt Teufelin – braucht sich dabei niemand abschrecken zu lassen. Der Blick auf den Piz Palü ist einfach himmlisch, noch schöner, wenn man schon einmal auf dem Gipfel stand …

HINAB INS VAL POSCHIAVO

Der Lago Bianco markiert die Wasserscheide zwischen Mittelmeer und Schwarzem Meer, zwischen Engadin und Puschlav. Der See, von einer Süd- und einer Nordmauer aufgestaut, bildet den Passscheitel. So dürfte der Berninapass der einzige in den Alpen sein, dessen Höhe übers Jahr immer wieder um ein paar Meter variiert. Im Winter friert das Gewässer zu, und wenn es zu der Zeit nicht schneit, entsteht Schwarzeis. Ein faszinierendes, recht seltenes Naturphänomen.

Der Abstieg ins Puschlav vollzieht sich in weiten Schleifen, was für immer neue Perspektiven sorgt. Von der Alp Grüm bietet sich ein erster Blick auf Poschiavo; noch eindrucksvoller präsentiert sich der zerklüftete Palügletscher. Poschiavo, der Hauptort der Talschaft, ist schon stark italienisch geprägt. In Le Prese nutzen Straße und Zug kurz die gleiche Trasse, wird der Express zur Trambahn, was bei ortsunkundigen Verkehrsteilnehmern schon mal zu Irritationen führt.

Die letzte Talstufe hält dann noch eine technische Sensation bereit: den Kreisviadukt von Brusio. Tirano ist Endstation des Bernina Express', auf den Schienen der *Ferrovia statale* geht's durchs Veltlin weiter zum Comer See und nach Lecco. Scuol im Unterengadin ist Endstation der in St. Moritz startenden Engadiner Linie, allerdings ohne Bahnanschluss Richtung Tirol. Denn die ursprünglich geplante Verlängerung nach Landeck wurde nie realisiert. Im Fokus heute: eine Verbindung zwischen dem Unterengadin und Mals im Südtiroler Vinschgau. Zusammen mit dem 1999 eröffneten, 19 Kilometer langen Vereinatunnel würde sich eine neue, touristisch interessante Verbindung zwischen der Ostschweiz und Südtirol eröffnen.

Auch ein Anschluss an den Glacier Express wäre möglich. Von Bozen via St. Moritz bis zum Matterhorn per Bahn – eine Sensation! Oder alles nur Fantasie?

BERNINA EXPRESS
Von der Montebello-Kehre bietet sich ein Prachtblick auf das Berninamassiv und den Morteratschgletscher. Nicht zu übersehen ist der dramatische Rückgang des Eises; in den letzten hundert Jahren verlor der Gletscher etwa zweieinhalb Kilometer seiner Länge und sehr viel Volumen. ▽▽

1.8

BERNINA EXPRESS

Auf den letzten Kilometern zur Scheitelhöhe passiert der Zug die Alp da Buond. In der Bildmitte ist der Sassal Mason (3031 m) zu sehen.

Unterwegs mit dem Allegra-Triebzug am Berninapass. In der Bildmitte der Lago Bianco (2234 m), darüber Eis und Fels der Berninagruppe. Von links sind dies: Sassal Mason, Piz Caral, Piz Cambrena (3606 m), Piz d'Arlas und Piz Trovat. ▽▽

BERNINA EXPRESS

Das Ensemble des Bahnhofs Bernina-Hospiz wurde – wie weitere Bauten der Rhätischen Bahn – vom Engadiner Architekten Nicolaus Hartmann entworfen. Es umfasst neben dem Bahnhofsgebäude ein Wohnhaus und eine Remise mit integrierter Drehscheibe (1912).

Mit der Scala-Galerie beginnt die lange Talfahrt aus der Hochgebirgsregion am Berninapass hinab ins Puschlav und weiter ins Veltlin (Valtellina). ▽

Südlich des Lago Bianco erinnern die Reste eines Bahndamms, die Scala-Schleife, an die ursprüngliche Bahntrasse, die 1924 der Routenbegradigung zum Opfer fiel. Der Streckenabschnitt war im Winter jeweils starken Schneeverwehungen ausgesetzt, deshalb die Korrektur. Der Zug fährt gerade ein in die Galleria Lunga, bestehend aus den Tunnel Scala und Pozza del Drago sowie der Sassal-Mason-Galerie II, mit 348 Metern der längsten auf der Berninastrecke. ▽▽

BERNINA EXPRESS

Was für eine Perspektive! Tiefblick von Alp Grüm über die Stablini-Kurve auf den flachen Boden von Cavaglia. Vom dortigen Bahnhof ist es zu Fuß nicht weit bis zum Giardino dei Ghiacciai mit seinen sehenswerten Gletschermühlen. ▷

Um die Berninalinie winterfest zu machen, waren zwischen Alp Grüm und Cavaglia lange Galerien und aufwendiger Lawinenschutz notwendig. Nach der Kreuzungsstelle Stablini führt die Bahn talwärts durch den Val-Pila-Kehrtunnel. Zu- und Ausfahrt sind zusätzlich durch Galerien geschützt. – Im Hintergrund der Palügletscher, links davon das Hotel Belvedere. ▽

Berühmtes Bauwerk der Rhätischen Bahn: der Kreisviadukt bei Brusio, nahe der italienischen Grenze. Technische Daten: Länge 142 Meter, Höhe 7 bis 17 Meter, 9 gemauerte Rundbögen, Gleisradius 70 Meter, Steigung 7 Prozent. Ein Nachbau findet sich seit gut 20 Jahren – in Mittelamerika. Geplant war die Bergbahn für einen Bauern am Genfersee, wurde aber nie bewilligt. So reisten Gleise und Fuhrpark 1999 nach Costa Rica, wo der ausgewanderte Schweizer Hotelier sie zu seiner privaten, 3,5 Kilometer langen Bergbahn mit zwei Tunnel, einer Brücke, einer Spitzkehre und dem Kreisviadukt aufbaute. ▽▽

BERNINA EXPRESS

Mitten in Tirano endet die Fahrt des Bernina Express. Hier hat man Anschluss ans italienische Eisenbahnnetz (Sondrio–Lecco–Mailand).

STOP

ENGADINER BAHN

Bei Brail überspannt ein Viadukt der Engadiner Bahn den tiefen Graben des Val Mela an seiner Mündung. △

Das Unterengadiner Dorf Ardez wird optisch dominiert von der Burgruine Steinsberg. Sie stammt aus dem 12. Jahrhundert. Im Schwabenkrieg 1499 wurde sie zerstört, anschließend nur noch notdürftig wiederhergestellt. ▷

Unterhalb von Ftan überquert die Engadiner Bahn die Mündungsklamm des Val Püzza. ▽▽

DIE OSTALPEN

ERBE DER MONARCHIE – DIE BAHNEN DES KAISERS FRANZ JOSEPH

Im 19. Jahrhundert waren die Ostalpen überwiegend K. u. k.-Hoheitsgebiet. Schon sehr früh, um die Mitte des 19. Jahrhunderts, wurde ganz im Osten des Alpenbogens, am Semmering, die erste Gebirgsbahn gebaut. Es folgten die Arlberg- und die Brennerbahn. Bald erkannte man in Wien, dem Mittelpunkt des Großreichs, auch die militärstrategische Bedeutung des neuen Transportmittels. So entstanden zu Beginn des 20. Jahrhunderts die Alpenbahnen am Pyhrn, in den Tauern, am Karawankenkamm sowie, als Verbindung mit dem Adriahafen Triest, die Wocheiner Bahn. Die Erschließung von Alpengipfeln durch Zahnradbahnen beschränkte sich auf wenige Anlagen, wie im benachbarten Bayern.

ZUGSPITZBAHN UND MITTENWALDBAHN

VOM HÖCHSTEN BERG DEUTSCHLANDS ZUR HAUPTSTADT TIROLS

Die kürzeste Zugverbindung zwischen München und Innsbruck führt nicht durchs Inntal, sondern über Mittenwald in die Tiroler Landeshauptstadt. Die *Mittenwaldbahn* hat allerdings nur regionale Bedeutung, wie auch die *Außerfernbahn.* Zu einem Renner wurde dagegen die *Zugspitzbahn* auf Deutschlands höchsten Gipfel.

Wie das Schweizer Jungfraujoch nach Bayern kam? Als Idee, als Vorbild. Denn die 1905 bereits bis zur Station Eismeer (3159 m) eröffnete, größtenteils im Bergesinneren verlaufende Zahnradbahn bewies, dass eine Erschließung hochalpiner Regionen kein Hirngespinst, sondern eine realistische Möglichkeit war.

Der deutsche Ingenieur Wolfgang A. Müller schrieb im selben Jahr (in *Die Erbauung einer elektrischen Bahn auf die Zugspitze*): »Obwohl unsere deutschen Alpen alljährlich von Hunderttausenden zur Erholung für Körper und Geist aufgesucht werden, lassen die Verkehrseinrichtungen dieses nördlichen Alpengebietes in vielen Punkten zu wünschen übrig. […] Die Schweiz geht uns hier seit 30 Jahren mit bestem Beispiel voran, indem dort eine Bergbahn nach der anderen entstand.« Das Projekt einer Zahnradbahn auf die Zugspitze beurteilte er entsprechend positiv: »Die näheren Erhebungen ergaben bald, daß die wirtschaftlichen Bedingungen für ein derartiges Unternehmen besonders günstige sind, wie auch der technischen Ausführung sich größere Schwierigkeiten nicht entgegenstellen.«

AN DER ZAHNSTANGE AUF DIE ZUGSPITZE

Es sollte allerdings noch mehr als zwei Jahrzehnte dauern, bis die bayerische Zugspitzbahn ihren Betrieb aufnahm. Nach der Eröffnung der Tiroler Seilschwebebahn (1926) ging es dann allerdings ganz schnell. Man wollte das Gipfelterrain ja nicht ganz den österreichischen Nachbarn überlassen. Im Juni 1928 verbreiteten die *Münchner Neuesten Nachrichten* die frohe Botschaft vom bevorstehenden Baubeginn. Bereits zwei Jahre später konnte die Bahn (mit bischöflichem Segen) eröffnet werden. Bis Ende 2019 hat sie exakt 16 295 933 Passagiere auf den Berg befördert. Erster Zugführer war Karl Hauck, mit insgesamt 10 025 Fahrten auch (unschlagbarer) Rekordhalter.

Nach Garmisch-Partenkirchen kommt man bequem mit dem Zug, in gut einer Stunde von München. Und auch die Weiterfahrt auf Schienen ist möglich: nach Westen durch das Außerfern, via Mittenwald und Seefeld nach Innsbruck. Die Verbindung mit der Tiroler Landeshauptstadt wurde 1912 als elektrische Lokalbahn nach nur zwei Jahren Bauzeit eröffnet. Der *Naturfreund* von 1910 rühmte die neue Strecke als »eine der kühnsten Gebirgsbahnen Österreichs, speziell in dem Teile Innsbruck–Reith« mit ihren zahlreichen Kunstbauten. Längster Tunnel ist jener an der Martinswand. »Dieser wird die Wand nahezu parallel mit ihrer Front durchbrechen, und zwar in sehr ansehnlicher Höhe. Bei seinem Austritte befindet sich die Bahn 258 m über der Straße (850 m über dem Meere), also ungefähr 50 m höher als die berühmte Grotte, in der sich Kaiser Maximilian I. bei der Gemsenjagd verstieg. [...] Von der Verwirklichung der hübschen Idee, hier eine Aussichtshaltestelle, ähnlich der Station 'Eismeer' der Jungfraubahn, zu schaffen, muß aus technischen Gründen leider Umgang genommen werden.«

Der Tunnel wurde schließlich länger, auch tiefer in den Berg geschlagen. So bekommen Bahnreisende keinen Gänsehautblick in die Martinswand. Die ist heute ein beliebtes Kletterrevier und da ist nicht auszuschließen, dass sich ab und zu im Steilfels jemand versteigt. Maximilian half vor mehr als einem halben Jahrtausend ein Engel aus seiner misslichen Lage ...

DURCHS AUSSERFERN

Zum Projekt der Mittenwaldbahn gehörte auch die Verbindung zwischen Garmisch-Partenkirchen und Kempten. Sie wurde in den Jahren 1895 und 1913 erbaut, blieb aber ohne überregionale Bedeutung. Dazu trug auch bei, dass die fast 100 Kilometer lange Strecke zweimal die deutsch-österreichische Grenze überquert. Auch bei der Elektrifizierung ging es nur in Etappen vorwärts. Schließlich drohte sogar die Stilllegung der Linie. Pläne, eine Bahn über den Fernpass ins Inntal zu bauen oder zumindest einen Anschluss an die DB in Füssen, kamen nie über das Projektstadium hinaus. Erst 2019 wurde eine Schweizer Studie über eine neue Alpenbahn zwischen dem Allgäu und Südtirol vorgestellt, samt »rollender Straße« am Fernpass. Der gilt als das schlimmste Nadelöhr im Tiroler Straßenverkehr, mit bis zu 30 000 Fahrzeugen am Tag. Zurück auf die Schiene – ein Weg in die Zukunft?!

△△
Von links: Die Außerfernbahn bei Ehrwald vor dem Zugspitzmassiv; Brennerbahn und Autobahn im Südtiroler Eisacktal; der 116 Meter lange, gebogene Saugraben-Viadukt der Mariazeller Bahn; die Steyrlingbrücke der Pyhrnbahn.

BAYERISCHE
ZUGSPITZBAHN

ZUGSPITZBAHN
Allmähliche Annäherung. Die Reise zu Deutschlands höchstem Punkt, dem Zugspitzgipfel (2962 m), beginnt in Partenkirchen und führt am Fuß des Wettersteinmassivs westwärts nach Grainau, wo die Zahnradstrecke ansetzt. Blick auf Alpspitze, Jubiläumsgrat und Waxenstein.

AUSSERFERNBAHN

Mit ihren drei Burgen und der spektakulären, 400 Meter langen Hängebrücke ist die Ehrenberger Klause ein Hotspot im Tourismus des Außerfern. Straße und Bahnlinie zwängen sich durch die Talenge, bewacht von der Burgruine Ehrenberg.

MITTENWALDBAHN

In luftiger Höhe überspannt die stählerne, 66 Meter lange Bogenfachwerkbrücke der Mittenwalder Bahn den tiefen Schlossbachgraben oberhalb von Zirl. ▽▽

DIE WENDELSTEINBAHN

DER BERG DES OTTO VON STEINBEIS

Der schönste Gipfel des Mangfallgebirges? Natürlich die markante Pyramide des Wendelsteins, Blickfang bei jeder Fahrt über den Autobahnberg von Irschen. Und der einzige mit einer Eisenbahn. Die *Wendelsteinbahn* hat schon mehr als ein Jahrhundert auf dem Buckel; erbaut wurde sie von einem Herrn Steinbeis. Nomen est omen.

»15 Grad plus, wolkenlos, gute Fernsicht«, meldet der Wetterdienst an diesem Herbsttag ins graue, nebelverhangene München. Am Wendelstein scheint die Sonne, und da erwarten die Bahnen einen ordentlichen Ansturm. Während die Kabinen der Luftseilbahn fast lautlos am dicken Drahtseil zum Wendelsteinhaus hinaufschweben, rattert die Zahnradbahn an ihrer eisernen Zackenstange hinauf zum Bahnhof unter dem Gipfel. 1838 Meter hoch ist der Wendelstein und reich geschmückt. Wer mit dem Auto am Irschenberg unterwegs ist (oder dort im Stau steht), kann die elegante Felspyramide kaum übersehen. Auch nicht, dass ihr der Mensch allerlei Zierat aufs Haupt gesetzt hat. Sie trägt's mit Würde, den hohen Antennenstachel ebenso wie die Kuppel der Sternwarte, ein paar Zubauten und die Aussichtsterrasse.

Wer den Alpenrandgipfel erstmals bestiegen hat, ist nicht bekannt. Erster prominenter Besucher war im Sommer 1858 König Maximilian II. anlässlich seiner großen Voralpentour. Der royale Besuch geriet in Bayrischzell natürlich zum Festtag, und der Dorflehrer Johann Hager dichtete und komponierte auch gleich Passendes: das Wendelsteinlied.

EINE IDEE WIRD WIRKLICHKEIT

Zwei Generationen später begann die Zukunft an dem Aussichtsberg: »Die Bahn kommt!« Initiant, Planer, Bauleiter und Finanzier des bahnbrechenden Unterfangens war der Industrielle Otto von Steinbeis. Er hatte in Bosnien ein System großflächiger Waldbewirtschaftung samt 400 Kilometern Schmalspurbahn aufgebaut, das Unternehmen dann an die K. u. k.-Monarchie verkauft, um sich mit dem Geld seinen großen Traum von der ersten Gipfel-Zahnradbahn in Bayern zu erfüllen. Die zehn Kilometer lange Bergstrecke wurde von Anfang an elektrisch betrieben – noch eine Pionierleistung.

Die Meterspurbahn überwindet einen Höhenunterschied von 1250 Metern, davon drei Viertel an der Zahnstange. Sie weist sieben Tunnel, acht Galerien und zwölf Brücken auf; besonders spektakulär ist die Querung der fast senkrechten Soinwand mit sechs kurzen Tunnel. Rund 800 Arbeiter – vor allem aus Bosnien – sprengten und schaufelten die Trasse frei. Am 25. Mai 1912 nahm die Bahn ihren Betrieb auf. Exakt 37 722 Personen »bestiegen« noch im selben Jahr den Wendelstein.

Die letzten 111 Höhenmeter zwischen der Bergstation und der Gipfelplattform sind bis heute zu Fuß zu bewältigen, auf einem breiten Serpentinenweg. Mit etwas (Wetter-)Glück gibt's oben ein immenses Panorama, das tief hinein in die Alpen und weit hinaus ins flache Land reicht.

BEWEGTE HISTORIE

Lange vor der Bahn erhielt der Wendelstein sein Gipfelhaus. 1883 eröffnet, erwies es sich allerdings bald als zu klein. So kam es bereits nach vier Jahren zu einem Neubau, der wiederum nach der Eröffnung der Bahn einem Hotel weichen musste.

Zum Renner entwickelte sich die Wendelsteinbahn nicht; zwei Weltkriege und die Wirtschaftskrise brachten das Unternehmen wiederholt an den Rand der Insolvenz. 1961 wurde der Talbahnhof in den Brannenburger Ortsteil Waching verlegt, die Gesamtstrecke dadurch um gut zwei Kilometer verkürzt. Als der Berg dann auch noch eine Luftseilbahn (ab Bayrischzell-Osterhofen) bekam, schien das Schicksal der Zahnradbahn besiegelt. Dass sie noch fährt, freut nicht nur Eisenbahnfreaks, ist das Werk des Herrn Steinbeis doch ein Kulturdenkmal ersten Ranges. Und die Fahrt aus dem Inntal herauf allemal ein Erlebnis – wie vor hundert Jahren.

» Glaubt mir, daß ich oft moa,
Über mein Wendlstoa
Geht koa anderer Platz,
Er ist mei höchster Schatz.
Dort is da Kini z'Haus,
Schaugt wohl in d'Berg oft naus,
sollt amal kemma rei',
wur' ihm net zwider sei!

Aus: »Lied vom Wendelstein«
von Johannes Hager (1822–1898)

WENDELSTEINBAHN

Im obersten Streckenabschnitt verläuft die Bahn größtenteils in Galerien und Tunnel. Links der Bildmitte das Wendelsteinkircherl.

Die Wendelsteinbahn wenig oberhalb der Zeller Scharte. Links der Gipfelrundweg, in der Bildmitte die grüne Rückseite der Soinwand. ▽▽

WENDELSTEIN
BAHN

WENDELSTEINBAHN

Kein Wetter fürs große Panorama; der Gipfel des Wendelsteins steckt in den Wolken. Da empfiehlt sich ein Besuch der Wendelsteinhöhle erst recht. Sensationell! △

Die höchstgelegene Kirche Bayerns thront auf einem Felssporn nur wenige Schritte von der Bergstation der Zahnradbahn. ▷

DIE ARLBERGBAHN

WO EINST DER ORIENT-EXPRESS VERKEHRTE

Eine Zuglinie mit großer Geschichte. Auf der *Arlbergbahn* fuhr vor rund hundert Jahren der Arlberg-Orient-Express: im Luxuszug von London nach Bukarest, durch den damals längsten Eisenbahntunnel Österreichs.

Hinterm Arlberg beginnt der Balkan. Das hört man im »Ländle«, wie die Vorarlberger ihre Heimat gerne bezeichnen, recht oft. Das Alemannenvölkchen fühlt sich historisch den Verwandten im Westen näher als Wien: Effizienz statt Schlendrian, keine Vetternwirtschaft. Und fast könnte man meinen, die Natur wäre gleicher Meinung: offen zum Rhein, verrammelt am Arlberg. Geschäfte machte man vorzugsweise mit den Eidgenossen und den Nachbarn im süddeutschen Raum. Nach dem Ausbruch des Deutsch-Französischen Krieges (1870) kam es – als Folge des Geheimvertrags zwischen Wien und Paris – zu einem Handelsembargo gegen Österreich. Das traf Vorarlberg hart und machte gleichzeitig deutlich, wie isoliert das »Ländle« war. Die Grenzen nach Westen waren dicht und im Osten gab es den Arlberg, aber keine verkehrstüchtige Verbindung mit Tirol und dem großen Rest der Monarchie.

In Bregenz hatte man schon lange nach einer Anbindung per Bahn gerufen – vergebens. Erst der Krieg in Frankreich bewog die Regierung zum Handeln. Mit eher unüblicher Eile geriet der Wiener Beamtenapparat in Bewegung.

Am 20. Juni 1880 begannen die Arbeiten, nur wenig später wurde der Tunnel aufgeschlagen. Bereits 1883 erfolgte der Durchstich, und – nach der feierlichen Eröffnung durch Kaiser Franz Joseph I. – im Herbst 1884 konnte der Regelbetrieb aufgenommen werden, ein Jahr früher als geplant. Prominentester Zug der 1920er- und 1930er-Jahre war der luxuriöse Arlberg-Orient-Express, der von London nach Bukarest verkehrte und dem in Sankt Anton elegante Wintersportler entstiegen.

EIN TUNNELBAU MIT PROBLEMEN

Am Bau des 10,25 Kilometer langen Tunnels waren bis 5000 Mann beschäftigt. Das führte nicht nur zu logistischen Problemen, sondern auch zu teils erheblichen Spannungen zwischen den Einheimischen und den aus allen Teilen der österreichischen Monarchie stammenden Arbeitern, wie der Priester von St. Jakob, Paul Bernhard, festhielt: »Für das einfache Talvolk brachte der vierjährige Tunnelbau harte Prüfungen mit sich. Für den männlichen Teil waren die Gefahren der Genußsucht, in specie die Trunksucht in den 34 Schenken und die Übertretung der Fasttage und Entheiligung der Sonntage am größten. Für den weiblichen Teil, insbesondere die Jungfrauen, war die Verführung der sittlichen Korruption äußerst groß und so hatten 13 Mädchen des Dorfes das schwere Schicksal lediger Mütter zu tragen.«

Als problematisch erwies sich auch das Terrain, vor allem auf der westseitigen Tunnelzufahrt. Franz Kreuter schrieb 1884 in der *Zeitschrift des Deutschen und Österreichischen Alpenvereins:* »Die 10 km lange Strecke Langen–Braz, wo sich die allergrößten Bauschwierigkeiten boten, weist, nebst gewaltigen Stützmaueranlagen, 15 grosse Brücken und Viaducte auf mit einer Gesamt-Lichtweite von 402 m, ferner 2 Aquäducte; 9 Tunnels und Galerien, zusammen 896 m lang, und etwa 200 m Schutzdächer gegen Lawinen. Die schärfsten Krümmungen haben auf der Gebirgsstrecke nur 250 m Halbmesser und die größte Steigung beträgt auf der Ostseite 26,4 Promille, auf der Westseite 31,4 Promille.« Der Kulminationspunkt der Bahnlinie liegt im Scheiteltunnel bei 1311 Metern.

SPEKTAKULÄRE TRISANNABRÜCKE

Markantestes Bauwerk der zwischen Bludenz und Innsbruck 137 Kilometer langen Arlbergstrecke ist die Trisannabrücke – bis heute ein beliebtes Fotomotiv, zusammen mit Schloss Wiesberg. 230 Meter lang, quert sie in einer Höhe von 87 Metern die Trisanna. Sensationelle 120 Meter weit spannt sich dabei die Stahlkonstruktion zwischen den beiden höchsten Pfeilern. Aus Sicherheitsgründen bekam der Brückenmittenteil später einen sogenannten Fischbauchträger als Verstärkung. 1964 wurde die gesamte Stahlkonstruktion in einer aufwendigen Aktion ersetzt; dabei mussten 1600 Tonnen Eisen seitlich bewegt werden. Dauer des Ab- und Neubaus: 10 Stunden und 20 Minuten!

**» Wir sind voll belegt,
die ganze Welt
scheint heute Nacht zu reisen.**

»Mord im Orient-Express« von Agatha Christie (1934),
mehrfach verfilmt, u. a. 1974 mit Albert Finney
als Detektiv Hercule Poirot (Regie: Sidney Lumet).

ARLBERGBAHN

Ein Güterzug auf der 120 Meter langen Schmiedtobelbrücke bei Dalaas. Insgesamt zählt man auf der Bergstrecke 59 kurze und 17 längere Brücken.

Mit dem Brazer Bogen beginnt die Steigung der Arlbergbahn zum Westportal des Scheiteltunnels. Der Blick nach Westen geht zum Bludenzer Talkessel und zu den Randerhebungen des Rätikons. ▽▽

STRENGEN

ARLBERGBAHN
An diesen Bahnhöfen hält kein Zug mehr. Mit Ausnahme von Sankt Anton und Langen wurden alle Stationen an der Arlbergstrecke außer Betrieb genommen, auch jene von Strengen im Stanzer Tal ◁ und Hintergasse im Klostertal. △

Das Fotomotiv der Arlberglinie schlechthin: die Trisannabrücke mit Schloss Wiesberg. Die Spannweite der Stahlkonstruktion zwischen den beiden Hauptpfeilern beträgt 120 Meter. ▽▽

DIE BRENNERBAHN

CIAO, BELLA ITALIA!

Als einzige Linie überquert die *Brennerbahn* den Alpenhauptkamm ohne Scheiteltunnel – kein Wunder, liegt der Kulminationspunkt doch gerade mal bei 1370 Metern. Sie verbindet Nord-, Süd- und Welschtirol (heute Trentino). Von den zahlreichen Nebenstrecken aus der K. u. k.-Zeit haben lediglich drei den italienischen Autoboom überlebt: die *Vinschger-*, die *Rittner-* und die *Nonstalbahn.*

Alle Welt reist über den Brenner. Mit dem Auto. Aus Bayern nach Innsbruck, über den Grenzpass in den Süden Tirols und weiter zum Gardasee. Nach Italien halt. Dessen Staatsgebiet beginnt seit 1919 zwar schon oben an der alpinen Wasserscheide, das »richtige« Italien aber erst am Lago di Garda. Der bietet alles, was das germanische Urlauberherz begehrt: 370 Quadratkilometer Wasserfläche, umrahmt von hohen Bergen, eine perfekte touristische Infrastruktur und eine sprachlich angenehm an die Gäste aus dem Norden angepasste Bevölkerung. Ciao, bella Italia!

Ausschließlich mit der Bahn zum großen See reisen, das geht nicht. Nicht mehr. Denn die Eisenbahnlinie zwischen Rovereto und Riva del Garda, 1891 eröffnet, wurde bereits in den 1930er-Jahren stillgelegt – ein Menetekel für das große Bahnsterben nach dem Zweiten Weltkrieg. Als in Südtirol und im Trentino (Welschtirol) noch der K. u. k.-Doppeladler herrschte, gelangte man per Zug auch ins Grödner Tal, durch den Vinschgau, ins Fleimstal, von Trient ins Val di Sole und zum Mendelpass. An manchen dieser Projekte war auch das Militär beteiligt, aus strategischen Gründen; daneben sorgte der prosperierende Tourismus des *Fin de Siècle* für Innovationen.

Im Nahbereich von Bozen entstanden die Rittner Bahn (deren Zahnradstrecke später durch eine Luftseilbahn ersetzt wurde) und die Überetscher Bahn. Heute denkt man bereits wieder darüber nach, die kurze, 1961 stillgelegte Linie (Bozen–Kaltern) zu reaktivieren. So mancher Ausflügler wäre froh gewesen, hätte er sich nach einem Ausflug ins Südtiroler Weinparadies nicht mehr ans Steuer seines Autos setzen müssen …

DIE VINSCHGER BAHN

Und die Obere Straße zum Reschenpass, in der Römerzeit Teil der Via Claudia Augusta und wichtigste Transitroute über die Alpen? Anfang des 20. Jahrhunderts baute eine private Gesellschaft die Bahnlinie von Meran durch den Vinschgau nach Mals. Die Planung sah eine Weiterführung über den Reschenpass nach Landeck vor. Doch aus dieser Alpentransversale wurde nichts. Es gab Zweifel an der Rentabilität einer solchen Strecke, auch mit Blick auf die Konkurrenz der Brennerlinie. Dann folgte der Krieg, Südtirol fiel an Italien, die Vinschger Bahn wurde von der *Ferrovia statale* übernommen. Die zeigte nur wenig Interesse an der »Unvollendeten«. Im Sommer 1990 kam das (vorläufige) Ende.

Ein Jahrzehnt später ging die noch bestehende Infrastruktur an das Land Südtirol. Und hier dachte man regional, erkannte das Potenzial der Bahnlinie für Berufspendler ebenso wie für den Tourismus. Nach Sanierungsmaßnahmen fuhr 2005 der erste Zug der Stadler Rail auf der alt-neuen Strecke. Damit begann eine echte Erfolgsgeschichte, die prognostizierten Fahrgastzahlen wurden weit in den Schatten gestellt. Bald schon stieß die Eisenbahn an ihre Kapazitätsgrenze, weshalb man sich in Bozen für eine Elektrifizierung entschied. Ab 2023 sollen neue, leistungsstärkere Zugkompositionen im Vinschgau im Halbstundentakt verkehren, mit direkter Anbindung bis Bozen.

DAS TOR ZUM SÜDEN – DER BRENNER

Dass der Brenner, obwohl die tiefste Einsattelung im Alpenhauptkamm und die kürzeste Verbindung zwischen Innsbruck und Bozen, vergleichsweise spät Schienen erhielt, hatte sowohl politische als auch militärstrategische Gründe. Der eine: Wien war damals das absolute Zentrum einer europäischen Großmacht, Tirol hingegen weit weg. Da erschien eine Zugverbindung zum Hafen von Triest entschieden wichtiger als eine Regionalbahn in Andreas Hofers Bauernland. Erst die eklatanten Fehleinschätzungen der K. u. k.-Generalität und damit verbundene Gebietsverluste (Lombardei) lenkten den Blick der Heeresführung auf die Südwestflanke des Reiches. Dann ging es allerdings recht schnell: 1864 rückten die Bautrupps an, bereits 1867 startete der Regelverkehr. Die geländebedingten Schwierigkeiten hielten sich in Grenzen, ein Scheiteltunnel wie bei den anderen großen Alpentransitlinien war nicht erforderlich.

Dass es sich bei der »Nonsberger Kuh« um eine Bahn handelt, eine Gebirgsbahn dazu, muss man nicht unbedingt wissen. Sie verbindet Trento mit dem Nonsberg, dem größten Apfelanbaugebiet der Provinz, und führt dann noch ein Stück weit hinein ins Val di Sole. Fast gleichzeitig wurde eine Zweigroute von Dermulo via Fondo hinauf zum Mendelpass errichtet. Sie ist längst Geschichte, im Gegensatz zur *Vacca della Val di Non*. Die wurde 2003 – ein echtes Wunder in dem autoverrückten Land – sogar um zehn Gleiskilometer verlängert. Doch noch eine Zukunft für die Bahn?

An der Zukunft bastelt man ein paar hundert Meter unter dem Brennerpass: am Basistunnel. Der soll vor allem den ausufernden Güterverkehr auf die Schiene bringen. Oben am Pass konnte man dagegen bis vor ein paar Jahren einen Blick in die Vergangenheit tun. Hier durften die Reisenden jeweils eine halbe Stunde lang die recht angestaubten Bauten, viel Rollmaterial und ein kleines bisschen Bergnatur besichtigen. Erst dann ging's weiter. Der Grund: Österreichs Züge fahren mit Wechselstrom, jene in Italien mit Gleichstrom; in Austria herrscht Rechtsverkehr, in Italia gibt man sich links. Europäische Eintracht? Der Basistunnel wird das Reisen entschieden einfacher machen, für Mensch wie Güter. Im Sauseschritt geht's durch das 56 Kilometer lange Loch, ab 2032, sofern die Termine eingehalten werden. Und die Zulaufstrecken fertig sind. Österreich und Südtirol arbeiten daran, in Bayern wird weiter an Trassen getüftelt. Ein Schelm, wer da an den neuen Berliner Flughafen oder an »Stuttgart 21« denkt.

BRENNERBAHN
Ein normaler Güterzug im Tiroler Wipptal. Auf der Brennerstrecke sind auch die Züge der »Rollenden Landstraße« (ROLA) unterwegs. Rund 180 000 Lastwagen waren es 2020 – eine umweltfreundliche Alternative zur Straße.

Gossensaß, das erste Dorf südlich vom Brennerpass, duckt sich unter dem monumentalen Viadukt der Autobahn weg. Die Bahn senkt sich in dem 1999 eröffneten, 7,3 Kilometer langen Pflerscher Tunnel ins gleichnamige Tal. Das Bild wurde von der alten aufgelassenen Trasse mit dem Ast-Tunnel aus aufgenommen. ▽

BRENNERBAHN

Alte Mauern, neue Verkehrswege: Seit vielen Jahrhunderten schaut Säben, ältester Bischofssitz Tirols (bis 990) und später zur Festung ausgebaut, hinab ins Eisacktal. Seit 150 Jahren fährt dort die Bahn, die Autostrada A 22 ist seit einem halben Jahrhundert in Betrieb.

PUSTERTALBAHN

Die gewaltige, aus drei Forts bestehende Franzensfeste wurde in den Jahren 1833 bis 1838 errichtet, sie gilt als größter historischer Bau Südtirols und ist heute ein Museum. In militärische Auseinandersetzungen war der sündteure Komplex nie verwickelt. Mitten durch die weitläufige Anlage führt die Trasse der 1871 eröffneten Pustertalbahn. ▽▽

RITTNER BAHN

Die Rittner Bahn verbindet Maria Himmelfahrt mit Klobenstein über eine Strecke von sechs Kilometern. Es handelt sich um eine meterspurige Adhäsionsbahn. Ursprünglich bestand sie aus drei Abschnitten: einer Stadtbahn in Bozen, der Zahnradbahn hinauf zum Rittner Plateau und der jetzt noch bestehenden Strecke. Die Trambahn wurde zurückgebaut, die Zahnradbahn durch eine Luftseilbahn ersetzt. Die Fahrt nach Klobenstein bietet prächtige Ausblicke auf das Schlernmassiv jenseits des Eisacktals.

VINSCHGER BAHN

Da stehen sie in Reih und Glied: Apfelplantagen bei Tschengls im mittleren Vinschgau. ▽▽

VINSCHGER BAHN

Die reaktivierte Vinschger Bahn hat sich seit ihrer erneuten Inbetriebnahme 2005 zu einer echten Erfolgsgeschichte entwickelt, geschätzt bei Einheimischen wie Touristen. Kastelbell mit seinem Wahrzeichen, dem Schloss, ist eine Station an der zwischen Meran und Mals 60 Kilometer langen Strecke.

NONSTALBAHN

Die Topografie des Nonstals wird geprägt durch viele tiefe Gräben. Entsprechend zahlreich sind die Brückenbauten an der Bahnlinie ins Val di Sole. Besonders spektakulär ist der 1959 eingeweihte Santa-Giustina-Viadukt vor der Staumauer des gleichnamigen Sees. Er überquert den Noce in 140 Metern Höhe; beim Bau galt er als höchste Eisenbahnbrücke weltweit.

Knapp oberhalb des Lago di Santa Giustina überquert die Nonstalbahn den Noce ein zweites Mal am Ponte Mostizzolo. ▽▽

SEEN, BERGE UND EINE PRISE NOSTALGIE

Die *Salzkammergut-Lokalbahn* ist längst Geschichte, die *Salzkammergutbahn* der ÖBB nur noch von regionaler Bedeutung. Sankt Wolfgang, den Ausgangspunkt der *Schafbergbahn,* erreicht man seit 1957, als der letzte Lokalzug fuhr, nicht mehr mit dem Zug, weder von Salzburg noch von Bad Ischl aus.

»Heute fahre ich zum letztenmal durch das schöne, grüne Tal.
Meine lieben Berge und Seen, lebet wohl auf Wiedersehn.«
Es regnete. Für Salzburg nichts Außergewöhnliches, aber passend zu diesem 30. September 1957, denn um 19.30 Uhr startete der Personenzug mit der Nummer 6527 zu seiner letzten Fahrt nach Bad Ischl. Dann war endgültig Schluss mit der 1893 eröffneten Schmalspurbahn. Die Passagierzahlen waren nach einem kurzen Nachkriegshoch stetig gesunken – das Automobil trat seinen Siegeszug als massentaugliches Verkehrsmittel an. Inzwischen setzt allmählich ein Umdenken ein, erkennt man den Wert einer Regionalbahn, für Pendler, aber auch für den Tourismus. Ganz stressfrei die herrliche Seen- und Berglandschaft am Alpennordrand genießen, unterfüttert mit einer ordentlichen Prise Nostalgie. Salzburg, Mondsee, Wolfgangsee, Bad Ischl – mehr K. u. k.-Vergangenheit geht fast nicht. Das Salzkammergut war in der zweiten Hälfte des 19. Jahrhunderts bei der Hautevolee Wiens ein überaus beliebtes Reiseziel; Bad Ischl diente Franz Joseph I., dem Ewigkeitskaiser dieser Monarchie, bis zum Ausbruch des Ersten Weltkriegs sogar als Sommerresidenz.

AUFBRUCH IN EINE NEUE ZEIT

1877 bekam der Ort Bahnanschluss, allerdings (noch) nicht von Salzburg, sondern von Norden, aus dem Hausruckviertel. Die *Neue Freie Presse* würdigte das Ereignis mit einem kleinen Beitrag: »Heute um 7 ¼ Uhr Früh passirte – wie uns telegraphisch angezeigt wird – der erste fahrplanmäßige Personenzug der Salzkammergut-Bahn mit der Locomitive 'Hallstatt' den Bahnhof von Gmunden. – Aus Ischl telegraphirt man uns: Der Eröffnungszug der Salzkammergut-Bahn, von Ober-Inspector Mahr geleitet, ist heute Morgens im Anschlusse an die Westbahn von Attnang abgegangen. Auf allen Bahnhöfen harrte eine zahlreiche Menschenmenge, welche den Zug sympathisch begrüßte. Der Bahnhof in Ebensee war mit Triumphpforten und Flaggen geschmückt. Der Zug wurde mit Böllerschüssen empfangen, ebenso in Traunkirchen, woselbst die Gemeindevertretung und Corporationen mit einer Musikkapelle erschienen waren.«

Die Zukunft hatte begonnen. Dank der Salzgewinnung. Denn beim Bau der Salzkammergutbahn ging es in erster Linie um das Salz, nicht etwa um kaiserliche Sonderwünsche oder den Personentransport. Die Salinenbetriebe von Ebensee, Bad Ischl und Bad Aussee verbrauchten immense Mengen an Brennmaterial, und da Holz allmählich knapp wurde, suchte und fand man Ersatz in den reichen Kohlevorkommen im Hausruckviertel. So reiste das »schwarze Gold« nach Süden, das weiße in die umgekehrte Richtung.

In Salzburg wartete man da immer noch auf eine Verbindung mit dem Salzkammergut. Erst 1893 war es dann so weit: Die Salzkammergut-Lokalbahn nahm ihren fahrplanmäßigen Betrieb auf. Sie verband Bad Ischl mit Salzburg, führte ohne größere Steigungen quer durch das Salzkammergut, vorbei an Wolfgang- und Mondsee. Das »Weiße Rössl« in St. Wolfgang war damals schon ein weitum bekanntes Hotel, der Kaiser machte mit Gattin Sisi seine Aufwartung, die Wiener Gesellschaft folgte natürlich gerne. Bereits in den 1860er-Jahren baute Wolfgang Grömmer, Besitzer des Hotels, auf dem Gipfel des Schafbergs (1782 m) das erste Berggasthaus Österreichs, später auch einen Reitweg – um Besuchern den Aufstieg zu erleichtern.

REKORDVERDÄCHTIG: DIE SCHAFBERG-ZAHNRADBAHN

Ab 1983 ging es dann noch viel bequemer mit der Schafberg-Zahnradbahn. Sie brauchte für die rund sechs Kilometer lange Strecke knapp eine Stunde, bei einer Maximalsteigung von 25,5 Prozent. Das ist noch heute Rekord in Österreich. Kurios: Wer mit der Salzkammergut-Lokalbahn anreiste, musste erst übers Wasser, bevor er die Bergfahrt beginnen konnte. St. Wolfgang liegt nämlich am Nordufer seines Sees, der Zug dagegen verläuft am Südufer. Dank der Gesteinsmassen, die der Zinkenbach in sein beachtliches Mündungsdelta transportiert, ist das 13 Quadratkilometer große Gewässer an dieser Stelle lediglich etwa 200 Meter breit. Einen zusätzlichen Popularitätsschub verschaffte dem »Weißen Rössl« dann im Jahr 1930 die Operette von Ralph Benatzky, die später mehrfach mit prominenter Besetzung verfilmt wurde. Ja, ja, »im Salzkammergut, da kann man gut lustig sein!«.

Zu diesem »lustigen« Winkel Österreichs gehört auch die Gegend um Bad Aussee, obwohl bereits auf steirischem Boden gelegen. Die Hautevolee Wiens machte da keinen Unterschied, Seen und Berge hier wie dort. Und der Hochadel leistete fleißig Schützenhilfe. In Bad Aussee lernte Erzherzog Johann, Halbbruder des Kaisers, die 15-jährige Postmeisterstochter Anna Plochl kennen, seine spätere Ehefrau. Monarchie ist längst Geschichte, Erb- und Geldadel sind verschwunden. Dafür tauchten später andere, neue »Herren« auf, an die man sich heute nicht so gern erinnert: Nazis aus Deutschland. Auch sie verschwanden wieder, hinterließen aber das nicht totzukriegende Gerücht um einen legendären Goldschatz, der bei Kriegsende im Toplitzsee versenkt worden sein soll.

Das letzte Teilstück der Salzkammergutbahn führt über zwei sanfte, kaum spürbare Wasserscheiden hinab ins Ennstal, wo sie nach fast 100 Kilometern unweit von Liezen endet. Eine Schienenfahrt mit starken Eindrücken, geprägt von See und Berg. Über allem thront der Hohe Dachstein, auf dessen Gipfel die Grenzen von Salzburg, Oberösterreich und der Steiermark zusammenlaufen. Was für ein herrlicher Landstrich! Schade, dass man die Reise von Salzburg nach Bad Ischl nicht mehr per Zug erleben kann. Die Lok S 12, die auf der letzten Fahrt im September 1957 unterwegs war, ist heute bei der Lungauer Taurachbahn im Einsatz – auf Nostalgiefahrt (Tamsweg–Mauterndorf). Doch vielleicht kehrt sie ja eines Tages zurück ins schöne Salzkammergut, auf einer neu-alten Strecke?

SALZKAMMERGUTBAHN
Kleiner Ort ganz groß: Hallstatt, das überrannte Kleinod an seinem See. Am gegenüberliegenden Ufer führt die Salzkammergutlinie nach Obertraun. In den Wolken verstecken sich die Höhen des Dachsteinmassivs.

SCHAFBERGBAHN
Ob es mit dem großen Panorama noch was wird? Nebel wabert um den Gipfel des Schafbergs im Salzkammergut. ▽▽

4.8

DIE K.U.K.-ALPENBAHNEN

DER WIENER TRAUM VOM MITTELMEER

Das größte Zugprojekt im Osten des Alpenbogens erstreckte sich von Wien bis zum Adriahafen von Triest. Das Anfang des 20. Jahrhunderts realisierte Vorhaben umfasste die *Tauern-* und die *Pyhrnbahn,* die *Karawanken-* und die *Wocheinerbahn,* alle mit längeren Tunnelstrecken.

»Um 12 Uhr 25 Minuten verkündeten brausende Hoch-Rufe das Nahen des Hofzuges. Nach Erstattung der Meldung verließ der Erzherzog den Wagen, worauf der Landeshauptmann von Krain und der Eisenbahnminister Ansprachen an den Erzherzog richteten, die derselbe erwiderte. Hierauf fanden die Vorstellungen statt. Der Erzherzog begab sich sodann zum Hofzelte. Der Fürsterzbischof reichte ihm den Aspergill und nahm sodann die Weihe der Eisenbahnschienen und der bekränzten Lokomotiven nach dem *rituale romanum* vor. Während dieser Handlung kniete der Erzherzog im Betschemel.

Hierauf schritt er die Fronten der aufgestellten Vereine ab, zeichnete eine Anzahl von Persönlichkeiten durch Ansprachen aus und bestieg den Hofsalonwagen. Die Schulkinder intonierten die Volkshymne, und unter deren Klängen dampfte der Zug um 1 Uhr 25 Minuten nach Triest ab.« *(Freie Presse Wien, 19. Juli 1906)*

Was in Aßling (heute Jesenice) im Juli 1906 in Anwesenheit des österreichischen Thronfolgers gefeiert wurde, war die Eröffnung eines Teilstücks der neuen Alpenbahnen. Sie sollten Triest, den Adriahafen der Monarchie, besser an Wien anbinden. Ein finanzieller Kraftakt ohnegleichen. Geplant waren große Tunnel am Pyhrnpass, in den Hohen Tauern, den Karawanken und in der Wochein samt ihren Zulaufstrecken. 1906 konnte der Großteil der neuen Linien dem Verkehr übergeben werden, im Herbst auch der Karawankentunnel.

WOCHEINER BAHN UND TAUERNTUNNEL

Ein Ehrengast bei dessen Eröffnung im Oktober 1906 war Karl Wurmb, der sich um die K. u. k.-Alpenbahnen besonders verdient gemacht hatte, nach Querelen mit dem Parlament aber zurückgetreten war. Er leitete bis 1905 den Bau der Wocheiner Bahn. Markantestes Bauwerk der Bergstrecke mit ihren 35 Tunnel ist neben dem 6,3 Kilometer langen Wocheiner Tunnel die Salcano-Brücke (Slowenisch solkanski most), die als größte gemauerte Bogenbrücke der Welt gilt. Die Spannweite des Hauptbogens beträgt sagenhafte 85 Meter!

Zentrales Bauwerk der neuen Eisenbahnlinien war der 8,5 Kilometer lange Tauerntunnel, dessen Realisierung sich wegen geologischer und bautechnischer Probleme allerdings um rund drei Jahre verzögerte (Eröffnung 1909). Auch am Bosrucktunnel hatten Arbeiter und Ingenieure mit massiven geologischen Problemen zu kämpfen.

GROSSE BAUTEN – KLEINE WIRKUNG?

Mit der Verwirklichung der Alpenbahnen kam der Ausbau des österreichischen Eisenbahnnetzes zum Abschluss. Über den militärischen und ökonomischen Wert der neuen Verbindung nach Triest gab und gibt es sehr unterschiedliche Ansichten, denn immerhin bestand ja bereits eine Linie zwischen der Hauptstadt und dem Adriahafen, die aber nicht von den Staatsbahnen, sondern von der privaten Südbahn betrieben wurde. Unbestritten ist die Bedeutung der Wocheiner Bahn im Ersten Weltkrieg bei der Versorgung der Truppen an der Isonzofront.

Bei der Planung der neuen Alpenzüge wurden viele Partikularinteressen berücksichtigt. Triest lobbyierte mit der stark gewachsenen Bedeutung seines Hafens nach der Eröffnung des Suezkanals im Jahr 1869. Besonderes Interesse an dem Mammutprojekt zeigte der aus den Karnischen Alpen stammende Giacomo Ceconi, ein begnadeter Selfmademan, der auch am Bau des Arlbergtunnels beteiligt gewesen war und seine nach Abschluss der Arbeiten frei gewordenen Ressourcen weiter gewinnbringend einsetzen wollte. So ließ er bereits 1884 das Projekt über eine Tauernbahn samt Scheiteltunnel erarbeiten.

Nach Kriegsende verlor die Doppelmonarchie ihren wichtigsten Zugang zum Mittelmeer. Aus der Großmacht wurde ein Kleinstaat, flächenmäßig auf ein Achtel der Fläche zu K. u. k.-Zeiten geschrumpft. Geplatzte Träume.

» Das gesamte Eisenbahnnetz der Doppelmonarchie Österreich-Ungarn hatte vor dem Ausbruch des Ersten Weltkriegs eine Länge von etwa 46 000 Kilometern. Im K. u. k.-Reich lebten damals rund 56 Millionen Menschen.

TAUERNBAHN

In Stein gemeißeltes imperiales Gehabe: das alte Nordportal des Tauerntunnels. Er wurde zu Zeiten Franz Josephs I. erbaut.

TAUERNBAHN

Mit dem zweigleisigen Ausbau der Tauernbahn-Südrampe entstanden zu Beginn der 1970er-Jahre mehrere neue Brücken, darunter der 377 Meter lange Pfaffenberg-Viadukt. Er galt bei seiner Einweihung als europaweit längste Stahlbeton-Bogenbrücke im Eisenbahnverkehr.

TAUERNBAHN

Noch etwas länger ist mit 396 Metern die Falkensteinbrücke. Sie erhielt ihren Namen von der Burganlage, die aus zwei Bauten besteht: Von der Festung Oberfalkenstein sind nur noch Mauern erhalten; Niederfalkenstein, ursprünglich lediglich ein Vorwerk, wurde zu Beginn des 20. Jahrhunderts in historisierenden Formen um- und ausgebaut.

KARAWANKENBAHN

An der Strecke von Klagenfurt zum Karawankentunnel passiert der Zug auf einer langen Brücke im Rosental den Feistritzer Stausee. ▽▽

PONTAFELBAHN

Dünne Reifen statt schweren Eisenrädern: Die Pontafelbahn (Pontebbana) wurde zu einem Radweg umfunktioniert und ist Teil der »Ciclovia Alpe Adria«. Die neue Bahnlinie verläuft zwischen Tarvisio und dem Canal del Ferro weitgehend in Tunnel.

WOCHEINER BAHN

Die Salcano-Brücke überquert beim Grenzort Nova Gorica die Soča (Isonzo). 1906 eröffnet, gilt sie noch heute als größte gemauerte Eisenbahn-Bogenbrücke der Welt. Ein paar Hundert Meter weiter fährt der Zug ein in den Bahnhof von Gorizia/Nova Gorica. Quer durch die Stadt (und den Bahnhof) verlief früher die Grenze zwischen Ost und West, zwischen Titos Jugoslawien und Italien. Tempi passati – der EU sei Dank. ▽▽

DIE ERZBERGBAHN

EIN BROTLAIB AUS ERZ UND EIN SAUSENDER FLUSS

Hier dreht sich (fast) alles ums Eisen. Am Erzberg wird der Stein gebrochen, in den Industrierevieren von Linz und Leoben wird er verhüttet. Früher erfolgte der Transport des Erzes auf der Schiene, über die *Rudolfsbahn* und die *Erzbergbahn.* Einem anderen Rohstoff der Gegend, dem Holz, verdankt die *Reichraminger Waldbahn* ihr – recht kurzes – Leben.

Wer von Liezen nach Leoben möchte und es eilig hat, nimmt die A9, die fast pfeilgerade über den Schoberpass ins Industrierevier an der Mur führt. Entschieden lohnender ist allerdings der Umweg über das Gesäuse, Eisenerz und den Präbichl. Dieser Weg führt nicht nur durch den wildesten Graben der Obersteiermark – das Gesäuse – und vorbei am Erzberg; dabei taucht man auch ein in die Geschichte dieser Region.

Sie ist eng verbunden mit dem Erzberg. An ihm arbeitet sich der Mensch seit Jahrhunderten ab, buchstäblich, liefert er doch überaus hochwertiges Eisenerz. Das wurde erst unter Tag gefördert, später ging man zum Tagebau über, wodurch der »Steirische Brotlaib« sein unverkennbares Stufenantlitz bekam. Das Erz musste allerdings nicht nur gefördert, sondern auch zu den Hochöfen in Linz und Leoben befördert werden. Das führte im 19. Jahrhundert zum Bau mehrerer Zugstrecken. Bereits in den 1870er-Jahren wurde die Rudolfsbahn in Betrieb genommen, die von Hieflau an der Enns bis auf wenige Kilometer an den Erzberg heranführt. 1873 wurde Vordernberg angebunden, ein Jahr später auch Eisenerz (von Leoben), doch dann dauerte es noch eine ganze Weile, bis die Lücke geschlossen wurde.

ÜBER DEN PRÄBICHL – MIT ODER OHNE ZAHNSTANGE

Man entschied sich – auch aus Kostengründen – für eine Kombination von Adhäsions- und Zahnradbahn. Im Jahr 1891 konnte die Bergstrecke eröffnet werden. Die Maximalsteigungen lagen bei 2,6 bzw. 7,1 Prozent. Beim Bau des Scheiteltunnels am Präbichl (1226 m), »wurde 35 Meter unter dem Terrain eine große Rippe gefunden, die in Urzeiten vielleicht irgendein sterbendes Megatherion für die Nachwelt dort deponiert hat« *(Mitteilungen des Deutschen und Österreichischen Alpenvereins).* Saurier am Präbichl? »Urzeitechsen« aus Eisen dampften danach fast ein Jahrhundert lang über den Pass. Erst in den 1970er-Jahren wurden sie nach und nach durch Dieselloks ersetzt, die leistungsstärker waren und die Steigungen ohne Zahnstange bewältigten. Das brachte der Strecke einen Rekord ein: steilste Adhäsions-Normalspurbahn Europas! Mit der Verlagerung des Gütertransports von der Schiene auf die Straße verlor die Erzbergbahn an Bedeutung. Nach dem Abgang einer Mure 1988 wurde der Betrieb zwischen Vordernberg und Eisenerz eingestellt. Ein privater Förderverein erwarb die Bergstrecke und organisiert Museumsfahrten über den Pass, mit den Oldtimer-Schienenbussen von Vordernberg nach Erzberg und zurück. Ein Erlebnis!

DURCHS GESÄUSE

Das vermittelt auch die Fahrt durchs Gesäuse, das seit 2002 Herzstück des gleichnamigen, 111 Quadratkilometer großen Nationalparks ist. Auch hier waren im vorletzten Jahrhundert Ingenieure unterwegs. Sie verlegten Eisenschienen an der Enns, die sich zwischen Hieflau und Admont durch eine enge Schlucht zwängt. Die hat ihren Namen nicht vom Fluss erhalten, sondern vom unüberhörbaren Rauschen, das bei Hochwasser von den himmelhohen Felswänden widerhallt.

2009 wurde der Personenverkehr auf der landschaftlich großartigen Strecke eingestellt. Der Bahnhof Gstatterboden mitten im Gesäuse, einst Basislager für viele Bergsteiger, verwaist, kein Pfiff eines herannahenden Zuges ist mehr zu vernehmen. Das schleichende Ende einer Ära, die einst in die Zukunft führte?

ERZBERGBAHN
Der »Brotlaib der Steiermark« – ein schwer verwundeter Berg. Pro Jahr werden bis zu drei Millionen Tonnen Erz abgebaut. Rechts der Bildmitte sind die ehemalige Verladestation, der Bahnhof Erzberg und der Tunneleingang zu erkennen. ▽▽

DIE WALDBAHN

In der Region wurde nicht nur Erz abgebaut, das Reichraminger Hintergebirge war über Jahrhunderte hinweg ein bedeutender Holzlieferant. Der Rohstoff ging übers Wasser zu den Abnehmern, eine zwar kostengünstige, aber recht gefährliche Methode.

Mit dem Anbruch der Moderne kam die Trift zum Erliegen. Die Eisen verarbeitenden Betriebe stellten auf Steinkohlefeuerung um und das durch den rauen Transport meist stark beschädigte Holz konnte anderweitig nicht mehr abgesetzt werden. Als im Ersten Weltkrieg ein verheerender Wintersturm über eine Million Festmeter Holz fällte, entschloss man sich in Reichraming zum Bau einer Bahn, um den Abtransport der vom Borkenkäfer befallenen Bäume sicherzustellen. Ein erstes Teilstück nahm 1920 den Betrieb auf; bereits zwei Jahre später wurde die Strecke verlängert und bis 1951 schließlich auf eine Gesamtlänge von fast 41 Kilometern (mit 19 Tunnel) ausgebaut. Zeitweise fuhren sogar Personenwagen mit. 1971 wurde die Linie stillgelegt, aufgrund mangelnder Rentabilität. Anschließend rückten die Bulldozer an, *modern times.* Bald durchzog ein verzweigtes Netz breiter Forstpisten das Hintergebirge. Heute ist es Teil des Nationalparks Kalkalpen: Natur schützen statt benützen.

ERZBERGBAHN
Ein Blick zurück in die 1970er-Jahre: Bahnhof und Triebwagen präsentieren sich noch heute wie einst – alles Originale. Der Schienenbus der Baureihe 5081 fährt als Museumsbahn über den Präbichl.

GESÄUSEBAHN
Da »saust« sie, die Enns, am Eingang ins Gesäuse. Der gewaltige Graben mit den Gipfeln rundum wurde 2002 zum Nationalpark deklariert. ▷

DAS TECHNIKGENIE CARL VON GHEGA

Ganz im Osten des weiten Alpenbogens, fast schon vor der Haustür Wiens, schlängelt sich die *Semmeringbahn* hinauf zum gleichnamigen Kurort. Ihr Scheitelpunkt liegt knapp unter der Tausend-Meter-Marke. Deutlich höher hinauf geht's ein paar Kilometer weiter nördlich mit der *Schneebergbahn*. Auch der beliebteste Wallfahrtsort Österreichs hat Gleisanschluss: von St. Pölten durch hundert Kurven mit der *Mariazeller Bahn*.

Karoli de Ghega zählt zweifellos zu den herausragenden Gestalten der K. u. k.-Monarchie im 19. Jahrhundert. Es war eine Zeit technischer Umwälzungen, auch im Transportwesen. Und da fand der als Sohn albanischer Eltern in Venedig geborene Carl von Ghega dank seinem ausgeprägten Mathematiktalent bald einen Platz. In geradezu atemberaubendem Tempo durchlief er eine Ausbildung, erst am Wiener Militärkollegium, dann an der berühmten Universität von Padua, wo er sie im zarten Alten von 17 Jahren (!) als *Dottore della Matematica* abschloss.

Seine berufliche Karriere begann mit Straßen- und Kanalprojekten in Venetien, auch am Bau der *Strada d'Alemagna* (Treviso–Cortina d'Ampezzo) war Ghega beteiligt. Er interessierte sich allerdings mehr und mehr für jenes Transportmittel, dem die Zukunft gehören sollte: die Eisenbahn. Als ihm die Projektleitung für das künftige Zugnetz im gesamten Süden der Monarchie übertragen wurde, reiste er zur Weiterbildung kurzerhand in die USA. Die dort gewonnenen Erkenntnisse flossen schließlich auch in sein berühmtestes Bauwerk ein: die Semmeringbahn. Seine Idee einer Adhäsionsbahn mit Scheiteltunnel wurde damals von vielen Zeitgenossen als Spinnerei abgetan. Carl von Ghega, 1851 in den Ritterstand erhoben, widerlegte sie souverän.

EINST VERSPOTTET, HEUTE WELTERBE

1854 konnte die Bahnlinie in Betrieb genommen werden. Ein Triumph der Technik, ganz nach dem Geschmack des Ritter-Ingenieurs. Sein Konterfei schmückte die Vorderseite der 20-Schilling-Banknote von 1966. Seit 1996 gehört die Semmeringbahn zum UNESCO-Weltkulturerbe.Trotz einer bescheidenen Scheitelhöhe von 898 Metern darf sie durchaus als Gebirgsbahn bezeichnet werden. Zwischen Gloggnitz und Mürzzuschlag zählt man nicht weniger als 15 Tunnel und 16 Viadukte, davon mehrere in doppelstöckiger Ausführung, wie beispielsweise das 146 Meter lange Kalte-Rinne-Viadukt.

Ob all der Bauwerke vergisst man leicht die rund 20 000 (!) Arbeiter und Arbeiterinnen, die an der Strecke sechs Jahre lang schufteten und dabei unter menschenunwürdigen Bedingungen in Barackenlagern hausten. Immer wieder kam es zu Ausbrüchen von Typhus und Cholera. »In der Umgebung von Klamm fängt die Cholera an, unter den dortigen Arbeitern furchtbar um sich zu greifen, und es sind bereits täglich so viele Leichen, dass sie der dortige Friedhof [...] in einigen Tagen nicht mehr aufnehmen kann.« (Johann Robert Pap, *UNESCO-Welterbe Semmeringbahn*, 2017). Der Preis des Fortschritts?

Aufzuhalten war er trotzdem nicht, die Technik bemächtigte sich auch der Berge. Dabei erwies sich der Tourismus zunehmend als Motor. Bereits in den 1870er-Jahren tauchten erste Pläne für eine Bergbahn auf den Schneeberg auf, und noch vor Ende des Jahrhunderts dampfte das erste Züglein an der Zahnstange auf den Berg. Der östlichste Zweitausender der Alpen war schon vor dem Bau der Bahn ein beliebtes Ausflugsziel der Wiener, vor allem der phänomenalen Aussicht wegen. Im Sommer kann man den Schneeberg sogar zum Sonnenaufgang besteigen, mithilfe eines Frühzugs (Abfahrt 4.00 bzw. 4.45 Uhr). Ein Erlebnis zum Nichtvergessen.

DER PILGERZUG NACH MARIAZELL

Noch weit beliebter ist beim Publikum der Wallfahrtsort Mariazell. Mit bis zu anderthalb Millionen Besuchern im Jahr stellt er sogar den »Steffl« in Wien in den Schatten. Da erstaunt es nicht, dass sehr früh die Idee einer Pilgerbahn aufkam, um den Ansturm der Wallfahrer zu kanalisieren. Die nennt sich heute werbewirksam »die Himmelstreppe«. Ob eine Fahrt mit der Schmalspurbahn von St. Pölten nach Mariazell die Reisenden himmlischen Gefilden auch wirklich näherbringt? Naturliebhaber werden das wohl bejahen, angesichts der malerischen Kulisse im Schatten des Ötschers und seines gewaltigen Grabens. Die knapp 85 Kilometer lange, 1907 eröffnete und bereits zwei Jahrzehnte später elektrifizierte Strecke führt wiederholt nahe an den Canyon heran und bietet immer wieder freie Sicht auf den wohl bekanntesten Berg Niederösterreichs.

Die so kurvenreiche wie gemütliche Fahrt endet in Sichtweite der Basilika von Mariazell. Bergbegeisterte schultern den Rucksack; wen die zweieinhalbstündige Fahrt hungrig werden ließ, der steuert eines der vielen Gasthäuser an, die anderen besichtigen das Gotteshaus. Das begrüßt seine Besucher mit gleich drei Türmen. Der mittlere stammt unverkennbar aus gotischer Zeit, ihm zur Seite hat der Graubündner Architekt Domenico Sciassia im 17. Jahrhundert links und rechts zwei weitere Türme im Stil des Frühbarocks gestellt. Gelungen?

Um die Mariazeller Wallfahrt ranken sich übrigens gleich drei Legenden. Die älteste berichtet vom Wunder einer Marienstatue (um 1550), etwas jünger ist die Sage einer Wunderheilung. Schließlich soll in der Gegend der Ungarnkönig Ludwig I. ein zahlenmäßig weit überlegenes Türkenheer besiegt haben.

Ein Tipp: Die Wanderung durch den Ötschergraben lässt sich sehr gut mit einer Zugfahrt verbinden. Reine Gehzeit etwa sechs Stunden von der Haltestelle Erlaufklause bis Gösing an der Mariazeller Bahn.

SCHNEEBERGBAHN

Eine »Salamander-Garnitur« der Schneebergbahn bei der Einfahrt in die Bergstation (1796 m). Nur ein paar Schritte sind es dann bis zum Elisabethkircherl. Kaiser Franz Joseph I. ließ den Jugendstilbau 1901 zur Erinnerung an seine in Genf ermordete Gattin erbauen. Von der grünen Hangterrasse geht der Blick weit hinaus ins flache Land.

SEMMERINGBAHN

Den senkrechten Abbruch der Weinzettelwand passiert die Semmeringbahn in drei Tunnel und zwei Galerien mit einer Gesamtlänge von etwa 700 Metern. △

Die Semmeringbahn beim Bahnhof Klamm-Schottwien. Im Vordergrund eine Überleitstelle, die bei Störungen oder Unfällen einen Gleiswechselbetrieb möglich macht. Dabei verkehren Züge in beiden Richtungen auf einem Gleis. ▷

Eine besonders schöne Aussicht auf die Semmeringbahn, vor allem auf das doppelstöckige Kalte-Rinne-Viadukt, bietet der »20-Schilling-Blick« am Wolfsbergkogel. Das berühmte Bauwerk war auf der Rückseite der 20er-Banknote abgebildet, daher die Bezeichnung. Rechts unter der Polleroswand der Krauselklause-Viadukt. ▽▽

BERTHOLD STEINHILBER

EISENBAHNLANDSCHAFTEN DER ALPEN

Warum ist das Krokodil denn so klein? Dabei ist es doch eine der schönsten Lokomotiven der Eisenbahngeschichte. Würde mir heute jemand erzählen, dass dieses schweizerische Kraftpaket eine Seele besitzt, ich würde es nicht abstreiten. Als kleiner Junge hätte ich alles für diese Lok gegeben, alles. Aber warum ist dann das Krokodil so klein auf dem Bild?

Dieses Buch ist den Landschaften der Alpenbahnen gewidmet und zeigt, wie die Züge Berge überwinden und Täler verbinden. Es sollten keine Großaufnahmen von Lokomotiven und Zügen entstehen, und dennoch bilden sie einen so wichtigen Teil dieser Landschaften. Die Bahnen in den Alpen sind einzigartig und ziehen sich durch faszinierende und abwechslungsreiche Regionen. Ihre Streckenführung ist eine technische Pionierleistung, ihr Bau voller Widrigkeiten, die Verluste an Menschenleben waren immens – vielleicht vergleichbar mit der Entstehung der transkontinentalen Eisenbahn im »Wilden Westen« von Amerika.

Sehr oft teilen sich die Eisenbahnen ein enges und steiles Tal mit einem Fluss, mit Saumwegen, Landstraßen und Autobahnen. Darüber, daneben und darunter befinden sich Ortschaften, Gehöfte, Bergwiesen, Wälder und Felsen. All diese Elemente sind zu einer unverwechselbaren Landschaft verwoben und ergeben gemeinsam ein Bild, das ich zusammen mit einer Bahn fotografieren wollte. Das erste Motiv hatte ich schon vor einer Weile gefunden: Während der Arbeit am Buch »Passbilder – Landschaften der Alpenpässe« fotografierte ich am Muttbach-Belvédère, kurz unterhalb des Furka-Scheiteltunnels, die Furka-Dampfbahn, einsam in beeindruckender Kulisse. Genau diese Ansichten inspirierten mich bei meiner neuen fotografischen Reise.

Einfach wurde es nicht. Es war nicht von Anfang an klar, ob sich diese Idee überall umsetzen lassen würde. Die meisten Standorte befinden sich an gegenüberliegenden Hängen oder oberhalb der Bahnstrecke. Regelmäßig gelangte ich nach einem mühsamen Aufstieg zu einem Aussichtspunkt, der sich dann doch nicht als optimal erwies. Ein zweiter Anlauf zur anderen Talseite wurde schon fast zum »Normalfall«. Dann aber fand sich fast immer ein alternatives Panorama, das all die gewünschten Attribute besaß, wie die Ansichten der Albulabahn oder der Tendabahn in den Seealpen zeigen. Ich war recht überrascht, dass all diese Wanderungen entlang der Gleise und durch die Bergwelten sich im Laufe der zweieinhalb Jahre auf weit über tausend Kilometer summierten.

Wie konnte ich ahnen, dass ich für diese Bilder sehr viel mehr Zeit brauchen würde, als dies vergleichbar bei dem »Alpenpässe«-Buch der Fall war? Da ja die Züge auf den Bildern zu sehen sein sollten, mussten am richtigen Standpunkt just beim Passieren der Eisenbahnen auch die richtigen Lichtverhältnisse herrschen. Gute Planung, Vorbereitung und Flexibilität waren ein unbedingtes Muss; allerdings auch ergänzt um jenes Element, das jeder Mensch braucht, der bei verschiedenen Jahreszeiten und Wetterumschwüngen fotografiert, bei nicht fahrplanmäßigen Zügen oder auch mal unbekannten Fahrzeiten: Glück.

Es gab aber auch Aufgaben, die ich nicht leisten konnte, oder besser: Aufnahmen, die einfach nicht umsetzbar waren, bedauerlicherweise. Wie sollte ich die Bahnen zum Jungfraujoch oder zur Zugspitze fotografieren? Bei beiden verlaufen die letzten Kilometer im Tunnel. Die Laaser Marmorbahn und die Achenseebahn wurden während meiner Arbeiten mit ungewisser Zukunft stillgelegt, dafür erwachte die französische La-Mure-Bahn aus einem langen Dornröschenschlaf.

Im Frühjahr 2020 kam die weltweite Coronapandemie und keiner wusste so recht, wie es sich mit Reisen in den Alpen entwickeln würde. Die Wintermonate gingen durch Reisebeschränkungen verloren, dabei hätte ich gern noch weitere Wintermotive fotografiert. Corona prägt also auch dieses Buch, wie es unser ganzes Leben seither beeinflusst hat.

Mir ist bewusst, dass meine Aufnahmen eine sehr persönliche Sichtweise auf die Alpenbahnen zeigen und nur einen kleinen Ausschnitt der immensen Vielfalt der Bergwelten darstellen. Die Arbeit ermöglichte mir einen anderen Blick auf die Alpen. Immer wieder kam ich an Orte, die mich besonders beeindruckten. Unweigerlich denkt man hier an die schöpferische Kraft und auch daran, wie es Ingenieuren gelungen ist, ein solch grandioses Miteinander von Natur und Technik zu ermöglichen.

Die Alpen gehören zu meinen liebsten Gegenden, und sie werden immer etwas Magisches – und auch Geheimnisvolles – als Schatz bewahren

BERNINABAHN

Allegra-Triebwagen auf der oberen Berninabach-Brücke an der Nordrampe der Berninabahn zwischen den Stationen Lagalb und Ospizio.

SEMMERINGBAHN

Güterzug auf dem Kalte-Rinne-Viadukt der Semmeringbahn. ▽▽

GATX

ZAHLEN, DATEN, FAKTEN

Bahn	Strecke	Eröffnung	Länge (km)	Höchster Punkt (m)	Tiefster Punkt (m)	Spurweite (mm)	Antriebs-übertragung	Anmerkungen	Seite im Buch
Tendabahn	Cuneo – Ventimiglia/Nizza	1928/1979	99/121	1002	11	1435	Adhäsion	Strecke war über längere Zeit außer Betrieb.	24
Train des Pignes	Nizza – Digne	1911	150	1023	11	1000	Adhäsion		34
Ligne des Alpes	Grenoble – Sisteron	1878	110	1176	211	1435	Adhäsion		44
Ligne de Veynes à Briançon	Veynes – Briançon	1884	108	1203	743	1435	Adhäsion		44
Petit Train de la Mure	La Mure – Belvédère	1888/2021	15	925	656	1000	Adhäsion	2010 wurde die Bahnlinie durch eine Mure verschüttet. Seit 2021 als Museumsbahn auf halber Strecke wieder in Betrieb. www.lepetittraindelamure.com	45
Mont-Cenis-Bahn (Fréjus-Tunnel)	Chambéry – Turin	1871	201	1336	239	1435	Adhäsion		56
Mont-Cenis-Postbahn	Saint-Michel-de-Maurienne – Susa	1868	77	2081	711	1100	Mittelschiene	Die Bahn war lediglich drei Jahre in Betrieb. Heute nur noch Ruinen.	56
Mont-Blanc-Express	Martigny – Chamonix – St-Gervais-les-Bains	1908	55	1387	467	1000	Adhäsion/Zahnrad		62
Parc d'Attractions	Le Châtelard – Lac d'Emosson	1920/1975	3,5	1952	1125	1050/600/900	Standseilbahnen, Adhäsion	Museumsbahn, www.verticalp-emosson.ch	62
Chemin de fer du Montenvers	Chamonix – Montenvers	1909	5,1	1913	1042	1000	Zahnrad		63
Tramway du Mont Blanc	St-Gervais-les-Bains – Nid'Aigle	1913	12,5	2372	581	1000	Zahnrad		63
Montreux Oberland-Bahn (MOB)	Montreux – Zweisimmen – Interlaken	1905	115	1275	396	1000/1435	Adhäsion		82
Rochers de Naye	Montreux – Rochers de Naye	1892/1909	7,6	1973	396	800	Zahnrad		82
Aigle-Leysin-Bahn	Aigle – Leysin	1900/1915	6,2	1451	404	1000	Adhäsion/Zahnrad		83
Aigle-Les Diablerets-Bahn	Aigle – Les Diablerets	1913	23	1155	404	1000	Adhäsion		83
Bex-Villars-Bretaye-Bahn	Bex – Villars-sur-Ollon – Col de Bretaye	1901/1937	17	1808	411	1000	Adhäsion/Zahnrad		83
Aigle-Champéry-Bahn	Aigle – Ollon – Monthey – Champéry	1907/1909	23	1035	404	1000	Adhäsion/Zahnrad		83
Chemin de Fer-Musée Blonay-Chamby	Blonay – Chamby	1968	2,7	747	619	1000	Adhäsion	Museumsbahn, www.blonay-chamby.ch	83
Les-Pléiades-Bahn	Vevey – Blonay – Les Pléiades	1902/1911	10,5	1348	400	1000/800	Adhäsion/Zahnrad		83
Bern-Lötschberg-Simplon-Bahn (BLS)	Bern – Lötschbergtunnel – Brig – Simplontunnel – Domodossola	1906/1913	156	1240	270	1435	Adhäsion		112
Zentralbahn	Luzern – Brünigpass – Interlaken	1916	74	1002	436	1000	Adhäsion/Zahnrad		98
Pilatusbahn	Alpnachstad – Pilatus-Kulm	1889	4,6	2073	440	800	Zahnrad	Steilste Zahnradbahn weltweit	98
Brienz-Rothorn-Bahn	Brienz – Brienzer Rothorn	1892	7,6	2244	566	800	Zahnrad		99
Jungfraubahn	Kleine Scheidegg – Jungfraujoch	1912	9,3	3454	2061	1000	Zahnrad		122
Wengernalpbahn	Lauterbrunnen – Kleine Scheidegg – Grindelwald	1893	19	2061	797	1000	Zahnrad		122
Schynige-Platte-Bahn	Wilderswil – Schynige Platte	1893	7,3	1967	584	800	Zahnrad		122
Gotthardbahn	Immensee – Chiasso	1882	206	1151	238	1435	Adhäsion		130
Vitznau-Rigi-Bahn	Vitznau – Rigi-Kulm	1871	7	1752	436	1435	Zahnrad		131
Arth-Rigi-Bahn	Goldau – Rigi-Kulm	1875	8,5	1752	519	1435	Zahnrad		131
Centovalli-Bahn	Locarno – Domodossola	1923	51	836	198	1000	Adhäsion		131
Monte-Generoso-Bahn	Capolago – Generoso-Vetta	1890	9	1601	273	800	Zahnrad		132

REGISTER

Hinweis: *Kursiv* gesetzte Ziffern verweisen auf ein Bild.

Bahn	Strecke	Eröffnung	Länge (km)	Höchster Punkt (m)	Tiefster Punkt (m)	Spurweite (mm)	Antriebs-übertragung	Anmerkungen	Seite im Buch
Gornergratbahn	Zermatt – Gornergrat	1898	9,3	3090	1604	1000	Zahnrad		158
Riffelalptram	Riffelalp – Riffelalp Resort	1889/2001	0,675	2222	2211	800	Adhäsion	1961 brannte das Hotel Riffelalp ab, nach dem Wiederaufbau wurde auch die Bahnlinie reaktiviert.	159
Glacier Express	Zermatt – St. Moritz	1930	291	2033	585	1000	Adhäsion/Zahnrad	Der Glacier Express verkehrt auf den Strecken der Brig-Visp-Zermatt-Bahn, der Furka-Oberalp-Bahn und der Rhätischen Bahn.	164
Dampfbahn Furka-Bergstrecke	Oberwald – Realp	1925	18	2163	1366	1000	Zahnrad		164
Schöllenenbahn	Göschenen – Andermatt	1917	3,8	1435	1107	1000	Zahnrad		165
Davoser Bahn	Landquart – Davos – Filisur	1890/1909	69	1632	522	1000	Adhäsion/Zahnrad		166
Arosalinie	Chur – Arosa	1914	26	1739	584	1000	Adhäsion/Zahnrad		14
Bernina Express	St. Moritz – Tirano	1910	61	2253	429	1000	Adhäsion		206
Engadiner Bahn	St. Moritz – Scuol	1913	57	1775	1286	1000	Adhäsion		207
Arlbergbahn	Bludenz – Innsbruck	1884	136	1311	559	1435	Adhäsion		250
Mittenwaldbahn (Karwendelbahn)	Garmisch-Partenkirchen – Innsbruck	1912	56	1182	559	1435	Adhäsion		234
Zugspitzbahn	Partenkirchen – Schneefernerhaus	1930	19	2656	707	1000	Adhäsion/Zahnrad		234
Außerfernbahn	Garmisch-Partenkirchen – Kempten	1913	94	1106	705	1435	Adhäsion		235
Wendelsteinbahn	Talbahnhof Waching – Bergbahnhof Wendelstein	1913	7,7	1723	508	1000	Zahnrad/Adhäsion		242
Brennerbahn	Innsbruck – Bozen	1867	126	1371	266	1435	Adhäsion		260
Pustertalbahn	Franzensfeste – Lienz	1871	107	1210	674	1435	Adhäsion		268
Vinschger Bahn	Meran – Mals	1906/2005	60	997	302	1435	Adhäsion		260
Rittner Bahn	Maria Himmelfahrt – Klobenstein	1907	12	1251	1176	1000	Adhäsion	1966 wurde die Zahnradbahn Bozen – Maria Himmelfahrt durch eine Luftseilbahn ersetzt.	260
Nonstalbahn	Trient – Mezzana	1909	67	900	192	1000	Adhäsion		261
Salzkammergut-Lokalbahn	Salzburg – Bad Ischl	1893	63	599	425	760	Adhäsion	1957 Betriebseinstellung, dann abgebaut	280
Salzkammergutbahn	Gmunden – Ennstal (Stainach-Irdning)	1877	95	835	479	1435	Adhäsion		280
Schafbergbahn	St. Wolfgang – Schafberg	1893	5,9	1732	542	1000	Zahnrad		281
Tauernbahn	Schwarzach-St. Veit (Pongau) – Spittal	1909	81	1226	544	1435	Adhäsion		286
Pyhrnbahn	Klaus – Selzthal	1906	42	727	478	1435	Adhäsion		286
Karawankenbahn	Villach – Jesenice	1906	36	ca. 620	498	1435	Adhäsion		286
Wocheiner Bahn	Jesenice – Triest	1906	145	573	2	1435	Adhäsion		286
Pontafelbahn	Udine – Tarvisio	1879	94	816	113	1435	Adhäsion	Seit 2000 stillgelegt, heute Radweg	294
Erzbergbahn	Hieflau – Leoben	1891	35	1204	489	1435	Adhäsion	Bis 1971 teilweise Zahnradbetrieb	298
Rudolfsbahn (Gesäuse)	Hieflau – Selzthal	1873	37	639	489	1435	Adhäsion	Zulaufstrecke über die Rudolfsbahn von Amstetten nach Hieflau. Zugbetrieb ist im Gesäuse stark eingeschränkt.	299
Reichraminger Waldbahn	Reichraming – Unterweißwasser	ab 1912	41		356	760	Adhäsion	1971 stillgelegt und anschließend zurückgebaut	299
Semmeringbahn	Gloggnitz – Mürzzuschlag	1854	42	898	439	1435	Adhäsion	Erste Gebirgsbahn in den Alpen	304
Schneebergbahn	Puchberg – Hochschneeberg	1897	9,8	1796	577	1000	Zahnrad		305
Mariazeller Bahn	St. Pölten – Mariazell	1907	91	892	273	760	Adhäsion		305

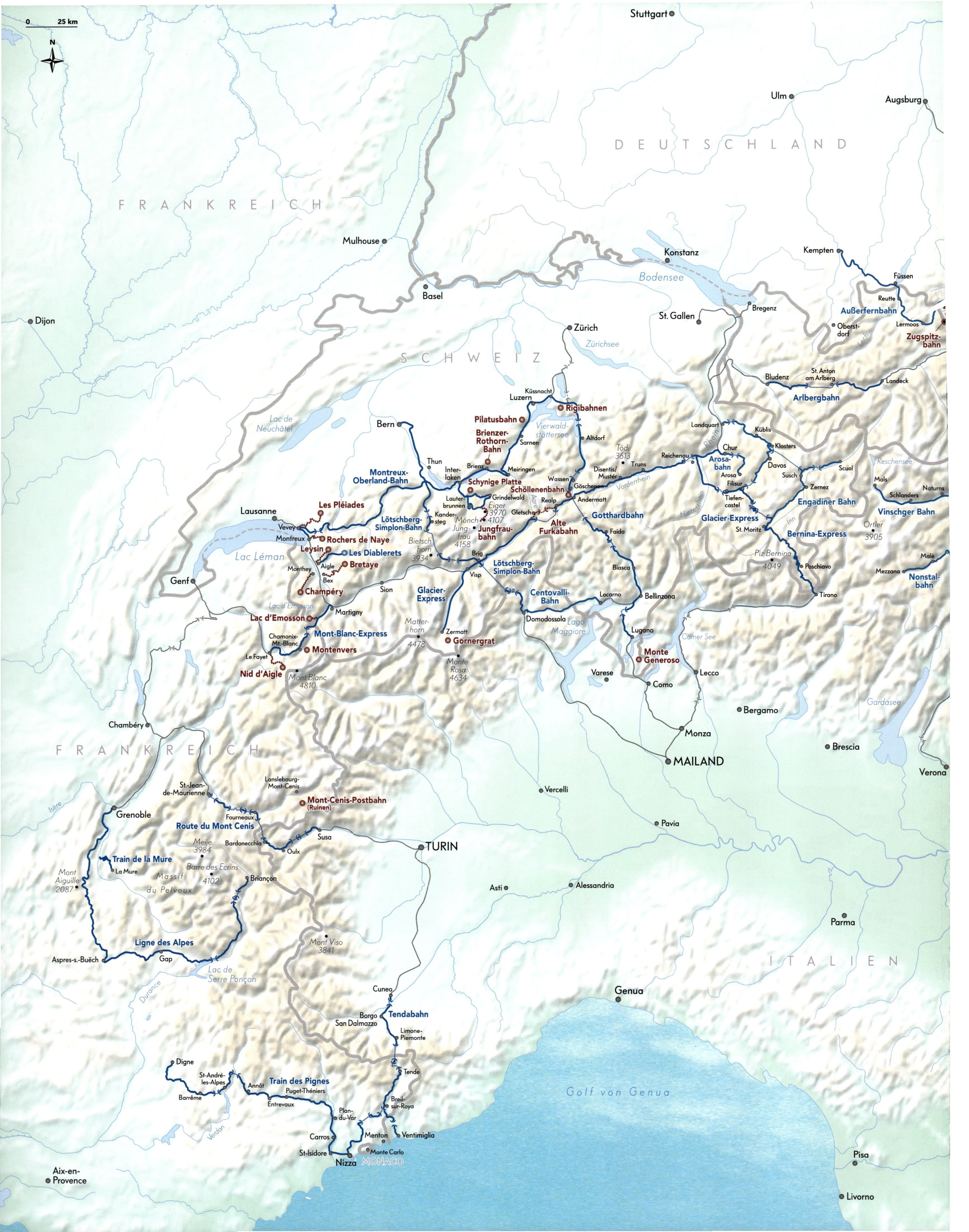

0
25 km
N
DEUTSCHLAND
FRANKREICH
SCHWEIZ
ITALIEN
Stuttgart
Ulm
Augsburg
Mulhouse
Konstanz
Kempten
Bodensee
Füssen
Reutte
Basel
Bregenz
Außerfernbahn
St. Gallen
Lermoos
Oberst-
dorf
Zugspitz-
bahn
Dijon
Zürich
Zürichsee
Bludenz
St. Anton
am Arlberg
Landeck
Arlbergbahn
Küssnacht
Luzern
Rigibahnen
Pilatusbahn
Vierwald-
stättersee
Altdorf
Lac de
Neuchâtel
Bern
Brienzer-
Rothorn-
Bahn
Sarnen
Landquart
Küblis
Klosters
Chur
Tödi
3613
Reichenau
Arosa-
bahn
Arosa
Davos
Scuol
Reschensee
Thun
Inter-
laken
Brienz
Meiringen
Disentis/
Mustér
Truns
Vorderrhein
Rhein
Susch
Montreux-
Oberland-Bahn
Schynige Platte
Wassen
Göschenen
Filisur
Zernez
Mals
Schlanders
Naturns
Schöllenenbahn
Lauter-
brunnen
Grindelwald
Realp
Andermatt
Tiefen-
castel
Engadiner Bahn
Les Pléiades
Eiger
3970
Gletsch
Hinterrhein
Vinschger Bahn
Lausanne
Lötschberg-
Simplon-Bahn
Kander-
steg
Mönch
4107
Alte
Furkabahn
Gotthardbahn
Glacier-Express
St. Moritz
Inn
Ortler
3905
Vevey
Jung-
frau
4158
Jungfrau-
bahn
Faido
Bernina-Express
Montreux
Rochers de Naye
Bietsch-
horn
3934
Leysin
Les Diablerets
Brig
Piz Bernina
4049
Malè
Lac Léman
Aigle
Bretaye
Lötschberg-
Simplon-Bahn
Biasca
Poschiavo
Mezzana
Nonstal-
bahn
Monthey
Visp
Bex
Genf
Sion
Glacier-
Express
Centovalli-
Bahn
Champéry
Locarno
Bellinzona
Tirano
Lac d'Emosson
Martigny
Domodossola
Lago
Maggiore
Lac d'Emosson
Matter-
horn
4478
Mont-Blanc-Express
Zermatt
Lugano
Chamonix-
Mt-Blanc
Montenvers
Gornergrat
Comer See
Le Fayet
Monte
Generoso
Monte
Rosa
4634
Nid d'Aigle
Mont Blanc
4810
Varese
Lecco
Como
Gardasee
Bergamo
Chambéry
Monza
Brescia
MAILAND
Verona
Lanslebourg-
Mont-Cenis
St.-Jean-
de-Maurienne
Mont-Cenis-Postbahn
(Ruinen)
Vercelli
Isère
Grenoble
Fourneaux
Route du Mont Cenis
Pavia
Susa
Meije
3984
Bardonecchia
Oulx
TURIN
Train de la Mure
La Mure
Barre des Ecrins
4102
Massif
du Pelvoux
Mont
Aiguille
2087
Briançon
Asti
Alessandria
Parma
Ligne des Alpes
Mont Viso
3841
Aspres-s.-Buëch
Gap
Lac de
Serre Ponçon
Durance
Cuneo
Genua
Tendabahn
Borgo
San Dalmazzo
Limone-
Piemonte
Digne
St-André-
les-Alpes
Annôt
Train des Pignes
Tende
Puget-Théniers
Barrême
Entrevaux
Golf von Genua
Breil-
sur-Roya
Plan-
du-Var
Verdon
Carros
Menton
Ventimiglia
St-Isidore
Monte Carlo
Nizza
MONACO
Pisa
Aix-en-
Provence
Livorno

Linz
St. Pölten
WIEN
MÜNCHEN
Ober-Grafendorf
Mariazeller Bahn
Rabenstein a. d. Pielach
Kirchberg a. d. Pielach
Puchenstuben
Mariazell
Wiener Neustadt
Puchberg am Schneeberg
Schneebergbahn
Gloggnitz
Semmeringbahn
Mürzzuschlag
Neusiedler See
Sopron
Chiemsee
Rosenheim
Wendelsteinbahn
Wendelstein 1838
Salzburg
Hallein
Schafbergbahn
St. Wolfgang
Attersee
Gmunden
Traunsee
Ebensee
Salzkammergutbahn
Bad Ischl
Bad Goisern
Hallstatt
Bad Aussee
Grundlsee
Klaus
Windischgarsten
Pyrhnbahn
Liezen
Gesäuse
Hieflau
Eisenerz
Stainach
Erzbergbahn
Toflach
Leoben
Enns
Garmisch-Partenkirchen
Mittenwald
Mittenwaldbahn
Innsbruck
Brennerbahn
Matrei
Brenner
Brennerpass 1370
Sterzing
Isar
Inn
Bischofshofen
St. Johann
Lend
Tauernbahn
Bad Gastein
Mallnitz
Groß-glockner 3798
Lienz
Spittal a. d. Drau
Bruneck
Toblach
Sillian
Brixen
Pustertalbahn
Meran
Rittner Bahn
Bozen
Marmolada 3343
Auer
S. Michele a. A.
Trient
Villach
Klagenfurt
Gail
Pontafelbahn (heute Radweg)
Pontebba
Carnia
Karawankenbahn
Jesenice
Bled
Triglav 2864
Bohinjsko j.
Most na Soči
Wocheiner Bahn
Udine
Gorizia
Monfalcone
Triest
Ljubljana
Mur
Graz
Maribor
Zagreb
ÖSTERREICH
UNGARN
SLOWENIEN
ITALIEN
KROATIEN
Rijeka
Venedig
Padua
Golf von Venedig
Ferrara
Bologna
Ravenna
Rimini
SAN MARINO
Florenz
Ancona
Adriatisches Meer
Legende
Adhäsionsbahnen, teilweise mit Zahnradstrecken
Zahnradbahnen
Zulaufstrecken

DIE AUTOREN

Eugen E. Hüsler, geboren 1944 in Zürich, ist seit einem halben Jahrhundert in den Alpen unterwegs, gern auch abseits der Renommierziele und stets mit Blick auf die aktuellen Entwicklungen des Bergtourismus. Bekannt wurde er in den 1980er-Jahren als »Klettersteigpapst«. Unter seinen vielen Veröffentlichungen (rund 130 Bücher) finden sich Titel zum Thema Naturschutz, über Lost Places in den Alpen, über historische Wege und zum Gebirgskrieg. Und als Schweizer ist er natürlich besonders mit den Alpenbahnen verbunden. Seit 1983 lebt er mit seiner Frau in Oberbayern, selbstverständlich in Sichtweite der Alpen.

Berthold Steinhilber, geboren 1968, fotografiert für Magazine und Unternehmen im In- und Ausland. Immer wieder zieht es ihn in die Alpen, wo er sich mit der Veränderung der Landschaft durch den Menschen auseinandersetzt. Er studierte Fotografie an der FH Dortmund sowie am College of Arts in Falmouth und wurde für seine Aufnahmen mehrfach mit Preisen ausgezeichnet (u. a. mit einem World Press Photo Award). Steinhilber ist Mitglied der renommierten Fotografenagentur laif und lebt in Stuttgart.

IMPRESSUM

Verantwortlich: Joachim Hellmuth
Lektorat: Dr. Juliane Braun
Satz und Layout: VerlagsService Gaby Herbrecht
Korrektorat: Simona Fois
Umschlaggestaltung: Nina Andritzky, Gaby Herbrecht
Kartografie: Huber Kartographie, Heike Block
Repro: Ludwig:media
Herstellung: Bettina Schippel
Printed in Slovakia by Neografia, Martin

In diesem Buch wird aus Gründen der besseren Lesbarkeit das generische Maskulinum verwendet. Weibliche und anderweitige Geschlechteridentitäten werden dabei ausdrücklich mitgemeint, soweit es für die Aussage erforderlich ist.

Bildnachweis:
Alle Bilder stammen von Berthold Steinhilber
Illustration: Shutterstock (blinkblink).

Umschlagvorderseite: Die Berninabahn bei der Ausfahrt aus der Scala-Galerie.
Umschlagrückseite: Der Wiesener Viadukt ist der höchste der Rhätischen Bahn.

S. 1: Arlbergbahn. Detail des Schaltgerüst im Bahnhof Hintergasse.
S. 2/3: Schwieriges Terrain für Verkehrswege: Straßen und Zahnradbahn in der Schöllenenschlucht.
S. 4/5: Auf Schienen ins Hochgebirge. Blickfang bei der Fahrt von Zermatt zum Gornergrat ist natürlich das Matterhorn. Im Vordergrund der Riffelsee mit der Station Rotenboden (2815 m).
S. 6/7: Berninabahn. Schaltgerüst im Bahnhof Alp Grüm vor der Kulisse des Palügletscher.
S. 8/9: Mit einer Maximalsteigung von 48 Prozent ist die Pilatusbahn weltweit die steilste Zahnradbahn.
S. 10/11: Bernina Express. Strecke entlang des Lago Bianco, der höchsten Adhäsionsbahn der Alpen.
S. 12/13: Faszinierende Kulisse: der Glacier Express in der Rheinschlucht.
S. 14/15: Längste Brücke der Rhätischen Bahn und Wahrzeichen der Strecke ist der Langwieser Viadukt der Arosabahn.

Die Deutsche Nationalbibliothek verzeichnet diese Publikation in der Deutschen Nationalbibliografie; detaillierte bibliografische Daten sind im Internet über http://dnb.d nb.de abrufbar.

ISBN 978-3-95416-281-9